人文社科
高校学术研究论著丛刊

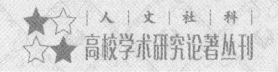

新时代幼儿园教师基本素养研究

吕 晓 著

中国书籍出版社
China Book Press

图书在版编目(CIP)数据

新时代幼儿园教师基本素养研究／吕晓著． -- 北京：中国书籍出版社，2022.5
ISBN 978-7-5068-9008-3

Ⅰ.①新… Ⅱ.①吕… Ⅲ.①幼教人员－师资培养－研究 Ⅳ.①G615

中国版本图书馆 CIP 数据核字(2022)第 072386 号

新时代幼儿园教师基本素养研究

吕　晓　著

丛书策划	谭　鹏　武　斌
责任编辑	李　新
责任印制	孙马飞　马　芝
封面设计	东方美迪
出版发行	中国书籍出版社
地　　址	北京市丰台区三路居路 97 号(邮编：100073)
电　　话	(010)52257143(总编室)　　(010)52257140(发行部)
电子邮箱	eo@chinabp.com.cn
经　　销	全国新华书店
印　　厂	三河市德贤弘印务有限公司
开　　本	710 毫米×1000 毫米　1/16
字　　数	198 千字
印　　张	12.5
版　　次	2023 年 3 月第 1 版
印　　次	2023 年 3 月第 1 次印刷
书　　号	ISBN 978-7-5068-9008-3
定　　价	75.00 元

版权所有　翻印必究

目 录

第一章　幼儿园教师概述 …………………………………… 1
　第一节　幼儿园教师的职业特点 …………………………… 1
　第二节　幼儿园教师的专业角色与理念 …………………… 4
　第三节　幼儿园教师的职业规范与专业标准 ……………… 20

第二章　新时代幼儿园教师的职业道德素养研究 ………… 30
　第一节　幼儿园教师职业道德概述 ………………………… 30
　第二节　幼儿园教师职业道德的前提和表现 ……………… 35
　第三节　幼儿园教师职业道德的困境 ……………………… 44
　第四节　幼儿园教师职业道德行为的培养与实践 ………… 47

第三章　新时代幼儿园教师的口语素养研究 ……………… 58
　第一节　幼儿园教师职业口语概述 ………………………… 58
　第二节　幼儿园教师的口语表达训练研究 ………………… 63
　第三节　幼儿园教师的职业口语训练研究 ………………… 75
　第四节　幼儿园教师的交际口语训练研究 ………………… 89

第四章　新时代幼儿园教师的礼仪素养研究 ……………… 97
　第一节　幼儿园教师礼仪概述 ……………………………… 97
　第二节　幼儿园教师仪容修饰的礼仪 ……………………… 101
　第三节　幼儿园教师的服饰礼仪 …………………………… 108
　第四节　幼儿园教师仪态的礼仪 …………………………… 111
　第五节　幼儿园教师日常交往的礼仪 ……………………… 114

第五章　新时代幼儿园教师的创新素养研究 …… 120
第一节　创新概述 …… 120
第二节　幼儿园教师的创新精神 …… 133
第三节　提高幼儿园教师创新素养的途径 …… 136

第六章　新时代幼儿园教师的信息素养研究 …… 140
第一节　信息素养概述 …… 140
第二节　幼儿园教师信息素养的内涵 …… 142
第三节　幼儿园教师信息素养的提升 …… 143

第七章　新时代幼儿园教师的心理素养研究 …… 152
第一节　幼儿园教师的职业心理素质概述 …… 152
第二节　幼儿园教师常见的心理问题 …… 156
第三节　幼儿园教师的自我调适 …… 166

参考文献 …… 189

第一章 幼儿园教师概述

在许多业外人眼里,幼儿园教师是最快乐、最幸福的,因为可以天天与活泼可爱的孩子们一起开心地游戏。然而,幼儿园教师的工作真的就这么简单、这么轻松,只是与孩子们一起玩游戏而已吗?幼儿园教师究竟要做多少工作?孩子们永远是最可爱的"天使"吗?本章首先对幼儿园教师进行概述,包括幼儿园教师的职业特点、专业角色与理念、职业规范与专业标准。

第一节 幼儿园教师的职业特点

与古代社会相比,从事现代社会各种职业的人们都必须具备一定的文化水平、业务能力、身体素质等才能够满足现代社会工作与劳动的要求。一般而言,对各行各业的所有劳动者都具有以下的职业要求,包括:

(1)爱岗敬业、严守职业纪律。每个人都应该热爱自己的本职工作,兢兢业业,尽职尽责,认真完成工作任务。

(2)举止得体,创造和谐的人际关系和工作环境。个体的工作处于一定的职业环境中,时常要与人合作进行,此时和谐舒心的工作环境是个体能够顺利完成工作的重要因素。

(3)实事求是,善于解决各种实际问题。这要求个体要脚踏实地,诚实面对工作中存在的问题并努力培养自身解决实际问题的能力。

(4)勇于探索,开拓创新。创造性是现代社会所有职业对员工的共同要求,在高效完成工作的同时也充分发掘了个体的潜能。

(5)身体健康,精力充沛,"身体是革命的本钱",只有保持身体健康,个体才能够完全投入工作中,才能够创造出更大的生产价值。

上述五点是对所有职业劳动人员的共同要求。然而,教师职业作为一种专门职业,教育劳动的特殊性决定了对教育从业人员在思想道德风貌与观念、科学知识与能力、个性心理素质与日常言行规范等方面都有相应的职业规范。同时,现代社会的快速发展也对教师的职业要求与规范赋予更多新的内容。概括而言,教师群体职业的特点包括:

一、具备为人师表的职业品德

教师从来就是一种要求德才兼备的职业。由于教师从事一种培养人的工作,教师的劳动成果直接关系着社会的进步与发展,影响到国家与社会的前途与命运。并且,教师的思想行为、思维方式等对学生具有很强的示范作用,这就要求教师必须具备崇高的思想品德,具有为人师表的职业道德。教师首先要是一个善良、有爱心的人,并要有甘为教育事业奉献的精神;要能够公平对待学生,信任学生;具备高度的责任感,严守职业规范,认真对待自己的教育工作;善于团结合作;拥有严格的科学态度,在教育工作中脚踏实地、实事求是。[1]

二、掌握精深的专业知识与广博的科学文化知识

教师面对的劳动对象是一群好奇心强、对信息吸收快的年幼群体。儿童的问题五花八门,只掌握精深专业知识的教师并不能满足儿童的需要,教师还必须掌握广博的科学文化知识以时刻接受学生的考验。随着社会的发展,学生通过各种渠道所获得的知识量不断增加,对教师也就提出更高的要求,教师必须建立起一个合理完善、有深度又具开放性的知识结构,不仅要将正确的信息传递给学生,而且帮助学生去除那些不正确的知识与观念。因此,掌握精深的专业知识与宽厚的教育教学知识是教师教学工作得以顺利完成的必备条件,教师必须不断学习新的专业知识,始终了解学科发展的最新动态。此外,扎实的基础知识(包括自然

---

[1] 毛杰,王帅,杨俊良.幼儿园教师融合教育素养的实践检视与优化策略——以河南省为分析对象[J].河南师范大学学报(哲学社会科学版),2022,49(01):151-156.

科学知识与社会科学知识)与广博的科学文化知识是教师成为一个受学生喜爱,从而更具影响力与魅力的优秀教师的重要条件。

三、拥有教书育人的教育实践能力

教师作为一种专门职业,只有经过较长时间的专门训练,特别是经过实地的教育实习,在实践中掌握一定的教育教学方法,具备一定教育教学技能的教师候选人才可胜任,才能满足实际教育工作中的需求。因此,教书育人的教育实践能力是对教师的基本要求。并且,在对学生实施教育行为时,教师不仅要将正确的科学知识传递给学生,而且学生的思想道德教育、班级的组织管理等也都是教师工作的一部分。具体说来,教师要具备的教育实践能力包括:

(1)熟练的教学能力,这是教师必须具备的最基本的能力,为此教师必须拥有流畅的语言表达能力。

(2)良好的思想教育能力,"育人"是教师工作的重要组成部分,教师除要以身作则,拥有良好的品德与合乎社会规范的行为习惯之外,还要能够教导学生成为一个善良的人。

(3)科学的组织管理能力,学校与班级井然有序,则教育活动的效率自然而然得到提高。因此,教师必须拥有科学的组织管理能力,以确保教育目标的顺利实现。

(4)较强的科研能力,这是现代社会发展与教师专业化运动对教师提出的新要求。只有具备较强的科研能力,教师才能够对教育实践中遇到的问题有更深刻的了解并提出有效的解决策略,教师自身的专业水平才能得到提高。

四、展现和谐的言行规范

除教材等传统的教学工具外,教师自身的人格品质、言行举止等也是教师重要的教育工具;并且,教师的言行规范最能感染和带动学生。正如古人所云:"其身正,不令而行;其身不正,虽令不从。"因此,和谐的言行规范是教师重要的职业规范之一。教师自身必须拥有较高的人文素质,必须以自己的一言一行来维护师道尊严,用自己的言行举止来告诉学生什么是对的。学校里必须营造出一种和谐的环境氛围,让学生在这种和谐氛围中既感受到教师举止的示范性,又在无形中渗透到学生的教育中。最后,让学生通过一种发自内心的认可与尊重来养成良好的行为习惯与学习习惯。

五、具备终身学习的意识与能力

现代社会知识的更新速度比以往任何一个时期都更为快速,这让现代社会成为一个"信息爆炸"的时代。个体必须树立终身学习的观念才能够在工作与生活中不断成长。对于教师而言,这种意识与能力显得尤为重要。向学生传授科学知识是教师工作的最主要部分之一,教师只有不断学习,将学习贯穿于自己职业生涯的始终,才能够掌握最新的专业知识,了解学科发展的最新动态,唯有如此,教师才能始终成为学生学习道路上的引导者。

第二节 幼儿园教师的专业角色与理念

一、幼儿园教师的专业角色

(一)幼儿园教师角色的历史演变

1. 幼儿园教师的角色

角色一词本是戏剧用语,后被学者引入社会学研究中,用来表示人在一定社会关系中所处的地位和所起的作用。它不仅包括他人对处于一定地位个体行为的期待,也包括个体对自身行为的期望。并且,社会学认为,一种职业的角色定位主要是由该职业的劳动特点决定的,同时也受到社会的政治、经济、文化以及人们对这一职业的目标期待等多种因素的影响。从已有文献记载可知，从古至今，东西方在对教师角色的期待上拥有惊人的相似性，人们对教师的角色定位都超乎一般人，将教师看作一群神圣的、富有牺牲奉献精神的职业群体。受社会期待的影响，教师自身也会以更高的要求来规范自己，努力实现自身作为"楷模"的目标。

所谓幼儿园教师角色，其实质就是指幼儿园教师在幼儿生活学习中扮演什么样的人的问题，既包括社会其他人员对幼儿园教师的定位，也包括幼儿园教师自身的角色观。与其他教育阶段的教师相比，幼儿园教师由于其教育对象的特殊性，在工作中有着与一般教师不同的角色定位，但社会同样赋予幼儿园教师较高甚至更高的期待。然而，与这一社会期待相对应的是，"幼儿园教师"成为教师群体中的边缘者。尽管日常生活中人们也以"教师"相称，但幼儿园教师却无法享有与中小学教师同等的身份与待遇，幼儿园教师总是被遗忘在教师群体的边缘。并且，随着社会不断发展变化，人们对幼儿园教师的角色期待也越来越丰富多样。因此，幼儿园教师角色的内涵呈现出多元化与动态性的特征。幼儿园教师角色的变化正好体现了社会的变化以及由此带来的社会对幼儿园教师角色期待的变化。①

教师个体对自身角色责任与定位的认识会在很大程度上影响到教师工作的开展与完成的质量，而教师的认识同样会受到特定的社会环境和文化传统的影响。因此，对幼儿园教师的角色定位在历史长河中的演变历程有一个清晰的把握与认识，能够帮助幼儿园教师更好地明确自身的角色责任，做好本职工作，出色地完成任务。

2. 幼儿园教师角色的演变

在人类历史上，幼儿园教师不同时期扮演着不同角色，承担着不同职责。概括而言，根据幼儿园教师角色的演变，可将其分为以下几个阶段。

(1)以保育为主要任务的保姆——养护者

学前教育在各国的发展历史有长有短，但总体而言，幼儿园教师成为一种专门职业的历史并不长。在古代，普通家庭的幼儿大多是在家中由母亲甚至是哥哥姐姐进行照料，只有少数富贵人家才有能力挑选专门

---

① 夏婧.幼儿园教师成长与发展指南[M].合肥:安徽教育出版社,2014:16.

的仆人来教养幼儿。事实上,这些仆人便是幼儿园教师的雏形。但由于照顾幼儿的仆人通常都目不识丁,能力所限的结果便是他们只能充当保姆的角色、做保姆性质的工作,社会对这些"童仆"的要求也只是照顾好孩子的健康身体。孩子们通常都是自己玩耍,并没有专门的人对其实施教育工作。并且,古代人们也并未意识到在幼儿阶段就需对其进行一定教育。例如,在古罗马时期,社会大众普遍认为孩子在7岁以前不必学习,只要将孩子交由教仆照料好身体即可。这时,"幼儿园教师"充当的是以保育为主要任务的保姆角色,教仆是幼儿生活的看护人而非学习上的引导者。因此,由教仆照料下的孩子其身体能够健康成长,但在知识与心理层面却难以得到较快的发展。

随着社会经济的发展,在工业革命的炉火中诞生了第一所公共的幼儿教育机构后,有一些人开始专门来从事幼儿的照料工作。但由于这些公共的幼教机构主要是为了照看工人的子女而设立的,因此,机构内聘用的教养人员大多素质低下,也只能充当幼儿的保姆角色。

我国宋朝首设育婴堂,但其"教员"也多是没有接受过专门训练的节妇;"癸卯学制"颁布后,我国幼儿社会教育制度诞生了;但幼儿公共教育机构即蒙养院的师资也都是由"节妇"担任,并将其称之为"保姆",这是我国最早的幼儿园教师。"保姆"自身的能力有限,使其只能进行保育工作。新中国成立后,妇女纷纷走出家门,投身工作。这时,急需有大量的幼儿园来解决父母的后顾之忧,但此时社会对幼儿园的要求仍然较低,只要求照料好孩子的健康身体,因此对教师素质的要求也不高,幼儿园教师被称为"阿姨",也主要负责看护孩子,让孩子健康成长。

(2)以教育为主的教师——保教结合的启蒙者

社会的发展导致人们对人才的期待越来越高,对教育培养优秀人才的期望也就越来越大,由此社会对教育工作者的能力要求不断提升。幼儿教育阶段同样如此,幼儿教育工作者的素质也在不断提高,其工作职责不再仅限于照料孩子的身体健康,对幼儿进行一定教育越来越成为其工作的重要内容。在这方面,西方社会的发展速度远快于我国。

早在欧文创立世界上第一所"幼儿学校"时,"学校"内部的工作人员就被称为"教师",他们在看护孩子日常生活的同时,还必须对幼儿进行一定的教育工作;福禄贝尔开办的幼教机构中,幼教工作者也是"教师"而非保姆,并且福禄贝尔还注重对幼教工作者传达自己的教育思想,并

第一章 幼儿园教师概述

专门开办幼儿园教师训练所来提升教师的教育素养。①

我国直至1937年,才将幼教工作者划分为教师与保育员两类群体,分别对幼儿进行教育与保育工作。新中国成立后,受苏联的影响,我国实行分科教学,为此幼儿园教师强化了其"上课"与"教学"方面的工作,且几乎不再接触保育方面的工作。1952年,教育部颁发的《幼儿园暂行规程(草案)》中将幼儿园教师称之为"教养员"。1981年的《幼儿园教育纲要(试行草案)》中"教养员"被改称为"教师"。称谓的改变表明社会强化了幼儿园教师的教育职责,同时对幼儿园教师提出更高的要求。这个阶段"教师"的身份与角色得到大大加强,对幼儿进行了较多的教育,幼儿园教师的地位也相应得到提高,家长十分尊重幼儿园教师的权威。然而,受国际竞争趋势与"二战"后教育改革的影响,这个阶段的幼儿园教师主要侧重对幼儿进行认知方面的教育而非重视幼儿的全面发展与幼儿的身心协调发展。这种单一的教师角色与单方面的教育内容违背了幼儿的身心特点,在促进幼儿发展的同时,也给孩子带来部分消极的影响,同时削弱了教师对幼儿的影响力。

(3)角色多样化的专业人

社会发展到今天,对教师的素养要求越来越高。在学前教育阶段,科学证明了学前期对个体一生发展的重要性,由此社会对儿童的关注渗透到幼儿生活的方方面面。如何提供给儿童最科学的、与其身心发展相适宜的教育成为社会关注的重点、难点。教师是影响教育质量的关键,因此社会对幼儿园教师的职业素养要求不断提升,对幼儿园教师的角色期待越来越丰富而多样化。人们要求教师不仅要保障幼儿的身体健康,还要成为幼儿学习的指导者、幼儿游戏的伙伴、幼儿母亲的替代者等。总而言之,幼儿园教师扮演了越来越多的角色,幼儿园教师必须成为幼儿身心全面发展的促进者,为幼儿一生的发展打好基础。

始于20世纪末的"教师专业化运动"给教师提出了更高的要求。这场专业化运动使"研究型教师""专业性教师"成为整个社会文化对教师的角色期待,幼儿园教师同样要成为一个"专业人"。"专业人"这一角色定位同时给幼儿园教师带来了机遇与挑战,幼儿园教师原有的教师文化受到冲击。成为"专业人",要求教师实现由一种被动的适应转为主动的

---

① 汪广华.教育质量指标体系视域下民办幼儿园教师专业素养提升策略[J].连云港师范高等专科学校学报,2021,38(04):101-104.

超越,教师自身意识不断被唤醒;教师在教育情境下,不仅要促进幼儿不断发展,同时还要研究儿童,反思自我。这场专业化运动诉求的是教师身份、教师文化、教师内涵的重新塑造。因此,历史发展到今天,社会对幼儿园教师角色的定位与期待越来越丰富而多样化;同时,不仅要实现促进幼儿身心全面发展的目标,还要实现教师自身的专业发展,重塑教师的身份与文化。

(二)现代社会对幼儿园教师角色的要求

随着社会的发展,传统的教师角色一直面临新的挑战,教师角色的内涵与定位处在持续的变化之中,总的趋势是幼儿园教师扮演着越来越多的角色。《儿童的一百种语言》提出:教师在儿童的生活中应扮演伙伴、园丁和向导的角色。在这样一个全球化、信息化、民主化,以及经济、文化、教育等各个方面都迅速变革的时代,幼儿园教师究竟该扮演什么样的角色呢?结合众多学者的观点以及当前学前教育发展的阶段来看,我们认为现代社会对幼儿园教师的角色提出以下要求。

1. 幼儿园教师应成为教育资源的整合者

家长是幼儿的基本养护者和教育者,当家长把孩子送到幼儿园里,幼儿便多了更为专业的教育者——幼儿园教师。此外,幼儿还生活在一定的社区之中,更不用说他(她)也是社会的一员。幼儿在社区或其他环境中接触到的各种事宜都会对其产生影响。因此,到处是可以促进幼儿发展的教育资源,当各种教育资源都对幼儿产生一致的积极影响时,幼儿的身心便会获得和谐发展。幼儿园教师要充分利用社区的各种资源条件,扩展幼儿的学习和活动空间。如此,教师则可将各种资源整合到幼儿教育中,更好地促进幼儿身心全面协调发展。

2. 幼儿园教师应成为教育实践的研究者

一般而言,教师作为研究者,其主要的研究对象便是自身的教育教学实践,教师不断反思自己在教育实践中所采用的各种方法是否适宜、有效,并针对教育实践中的问题提出一定的解决方案,或者探讨教育实践中的其他要素,包括师生关系、教师伦理等。通过不断地反思与研究,教师便能够对各种教育现象、教育行为等有更深刻的认识与把握,才能够推动积极的教育改革,才能够促进自身专业不断成长,最终也才能够实现更好地促进儿童发展的目标。

尽管教师(包括幼儿园教师在内)应该成为一名反思型的研究者这一观点已经被学术界所认可,但现实生活中一线教师与学校管理者对教师的研究者角色的接受度或重视度还有待提高。究其原因,这一现象的产生受到多个因素的影响。传统的教育观、教师观认为,教师只要知道如何正确地执行教育计划与活动即可成为一名合格的教师,该观点至今仍被许多一线教师所认可。此外,由于社会对教师的期待不断提升,教师身上的担子越来越重,很多教师本就是从早忙到晚,根本就没办法抽出时间来进行所谓的研究。

因此,实现让教师成为"研究型教师"的目标需要学校管理者的大力支持,为教师创设足够的条件,减少教师身上无谓的负担,尽可能让教师回归到真正的教育行为中;只有当教师得以全身心投入教育之中,教师才可能更加深入去思考自己的教育行为,不断提升自身专业水平,进而促进儿童更好地发展。同时,教师也要正确认识自身成为"研究者"的角色,并不是要求教师必须花大力气、耗费许多时间去进行教育研究,而只是要求教师要化被动为主动,成为自身教育实践的主动反思者。在经济、文化、教育不断变革的时代,教师只有成为一名积极主动的反思者与研究者,才能够不断创造出适合新时代、新对象的有效的教育方法。同时,这也是教师专业发展的过程。①

3. 幼儿园教师应成为教育价值的思考者

教师过于执着于对教育技术的追求,执着于满足家长们的希望。教师过分热衷于采用精致的教育技术来完成教育任务会导致教师在自身专业成长的道路上只能成为优秀的教育熟练者,但难以成为一名更深刻的教育思考者,进一步说是成为教育家。

随着新的儿童观即儿童作为一个独立个体的观点越来越为大众所接受,教师也必须调整自己的教育观。在教育过程中,教师必须更多考虑到儿童个体的需求。因此,教师必须尽可能做到因材施教,必须根据儿童的兴趣和发展阶段(而非家长们的希望)来安排教学内容。幼儿园

---

① 裴指挥,温丽梅. 幼儿园教师学习素养水平调查与差异分析[J]. 学前教育研究,2021(12):61-72.

教师必须进一步去追问,我为什么要进行这样的教育活动,这些教育内容能促进孩子们的发展吗?对孩子来说,什么是最重要的呢?孩子们最需要的是什么呢?我如何才能让孩子们喜欢跟我在一起呢?这种涉及教育价值的追问与思考是当前幼儿园教师群体最为匮乏的一环。现代社会要求幼儿园教师成为各种教育资源的整合者,成为研究型教师,但如果教师缺乏这种对教育价值的思考,无法或不愿透过表面的教育行为去思考更深入的教育对于个体一生成长的价值与意义等深层次问题,那么教师只会陷入教育技术的迷思之中,也无法为了实现更好的教育目标,主动积极地去整合周围的教育资源,更不用说成为一名研究型的教师。因此,为了适应现代社会的发展与教育改革的需求,为了促进学生身心的全面协调发展,也为了实现教师自身专业发展的需要,幼儿园教师必须成为一名教育价值的思考者。

二、幼儿园教师的理念

(一)信念与教育信念

1. 什么是信念

这一概念最早起源于古希腊。在柏拉图和亚里士多德的著作中都使用过它,被看作不属于知识范畴的一些事实的表达。自从柏拉图在《理想国》一书中提出信念这一概念以后,在现代哲学史上一再被提出,并由黑格尔和他的继承者们加以丰富。哲学意义上的信念,是指人们对某种观点、原则和理想等所形成的内心的真挚信仰。信念是人的精神支柱,是意识的核心部分。世界观、历史观、人生观、道德观等都属于人的基本信念,主要表现为人们内心深处的判断标准和行为动机。信念的功能在于使人把握思想和行动的有效原则或目标。……它常常是思想和行为中被恪守的东西。到了当代,心理学家也开始对这一概念进行研究。《中国大百科全书(心理学)》定义为:信念是人们对待某人、某事或某种思想的态度倾向。它对客观现实的反映可能是正确的,也可能是错误的。

信念是一个复杂的概念,从不同的角度对信念解释会有差异,但一般都会兼容认知、情感和意志三个方面，信念是三者的有机统一体，是人们在一定的认识基础上确立的对某种思想或事物坚信不疑并身体力行的心理态度和精神状态，从而使主体在从事与客体相关的活动时具有一种方向性、坚定性和原则性。

2. 什么是教育信念

最早对教育信念进行描述的是杜威。《教育大辞典》将"教育信念"界定为：对一定教育事业、教育理论及基本教育主张、原则之类较为宏观、抽象的事物的确认和信奉。

瞿卫星、俞冬梅、黄正平等研究者认为，教育信念是对某种教育观念、教育思想、教育理论的确认和坚信。教育信念是积淀于教师心智结构的价值观念，常作为一种无意识或先验假设支配着教师的教育行为。

(二)幼儿园教师专业理念与师德的基本要求

1. 持有正确的儿童观

儿童观是对儿童的根本看法与根本态度，一言以蔽之，是成人如何看待和对待儿童。它涉及儿童的特点与能力、地位与权利、儿童期的意义、儿童生长发展的形式和成因、教育同儿童发展之间的关系等诸多问题。在不同的时代有不同的儿童观。儿童的特点，随着生理学、心理学和现代科技的发展，已被越来越深入、细致地揭示出来。把儿童视为成人的附属品、"小大人"到认为儿童有独立人格，这一转变有着相当漫长的过程。现代儿童观强调的是儿童具有区别于成人的独特能力，有巨大的发展潜力，要求尊重儿童的权利与人格，相应的对教育的要求则要根据儿童的不同特点注重儿童的年龄特征、个体差异，做到因材施教。我们应当意识到儿童是主动的、有能力担任自我成长过程中的主角，所有的孩子通过与他人的对话、互动与协商，可以找到自己的定位、独立性、完整性与满足感。

探讨教师的教育信念，儿童观应当是重要的一部分。我们首先肯定儿童是有巨大潜力的，儿童有能力学习并且获得成长，并且每个儿童具有个体差异性，我们应当尊重儿童的个体差异。其次，儿童的生长与发展是有规律可循的，教育可以促进儿童的发展。再次，我们有责任且有义务促进儿童的生长与发展,因为儿童有生存、发展、游戏、娱乐以及受教育的权利。

2. 持有正确的教师观

教师是以专业的眼光赋予学习者和学习以价值的人。幼儿园教育质量的好坏、教学的适宜性和有效性很大程度上是取决于幼儿园教师的。在幼儿园中,教师的工作不能仅仅是传统意义上的传道、授业和解惑。在现代社会,知识是无穷尽的,教师不能教给儿童所有的知识,儿童的认识也不能止步于从不知到知,应当是由不知到知进而发现问题这一循环往复的过程。教师应当保持幼儿自身的好奇心,鼓励幼儿自己尝试去解答问题。

那么教师在幼儿园中扮演什么样的角色呢,或许我们可以用列举的方式来分析,如促进幼儿认知、情感以及社会性的发展;管理班级包括创设环境;与家长、同事以及行政人员的沟通与合作;追求自身专业成长;积极投入政策实施以维护公立幼儿教育;对每日教学进行系统性的研究以形成课程规划、教师发展以及专业化传播的目标。从各种教育模式的实践来看,教师的角色更多的是定位为引导者、合作者与支持者。为幼儿创设良好的教育环境,引导幼儿发现问题,并在幼儿的探索活动中给予必要的指导。

一个理想教师表现出来的是一个整体的形象,是协调处理好围绕孩子教育的不同方面的综合体,因而教师的角色应当是随着环境的改变而改变的,我们的孩子需要什么样的教师,那么教师就该扮演什么样的角色。

3. 正确把握教与学的关系

行为主义者认为知识的获得是刺激—反应的结果,知识与技能是通过不断地训练来教授给儿童的。皮亚杰把儿童看作"科学家",他们是这个世界的积极探究者。维果斯基认为儿童的知识与经验是在与外界环境文化的不断交往中自我建构出来的。现代学者们更多同意后者的观点。在教与学中间,我们尊重的是后者,成人站在旁边等一会,留出学习的空间,仔细地观察幼儿在做什么,然后,我们能更透彻了解,或许我们的教法与从前大不相同。

教授者的目的和所处的情境,与学习者的目的和所处的情境并不是完全一样的。学习是提供多元选择、建设性的想法以及知识的来源。教与学不应该只是分别站在河的两岸,看着河水潺潺流过,而应该是让两者同搭乘一条船,顺流而下,通过主动、积极、互惠的交流,教才能促进学,提高学习的技巧。

瑞吉欧教育法通过整合皮亚杰有关儿童"科学探究"方面的思想以及维果斯基的"最近发展区"和教学促进儿童发展等思想来塑造新型的教与学,把儿童看作特定的家庭、社区和社会的成员,他们之间是一种互动的关系,教学和学习就发生在其中。在幼儿园当中,教师与幼儿的不同地位以及发挥的不同作用决定了教师与幼儿之间的关系是复杂的。同样,教师与家长,幼儿园与家庭、社区之间的关系也是复杂的。需要用平等对待和共同发展的方式来处理这几对关系。在这几个利益相关者中,很明显核心要素是固定的,那就是促进幼儿发展。其他主题与关系都应当围绕这个主题来,在确定这样一个大的前提原则下,很多问题就会迎刃而解了。

4. 合理协调知识逻辑与儿童经验

知识逻辑与儿童经验历来在发展历程上是此消彼长的关系。杜威的进步主义教育强调从儿童的经验出发,后来随着美国对儿童学业成绩要求的提高,学科知识的重要性被提到很高的地位。在我国,知识逻辑的传授一直占据主导地位,因而我们的课程改革逐渐强调儿童经验的重要性。在幼儿教育中,偏重于知识逻辑的是学科课程的特色,而注重儿童经验则是活动课程的特点。

瑞吉欧的项目教学主要是由儿童与教师共同来选择教育内容,因而具有很强的开发性,主要是考虑到儿童自身的经验。如果就教具或者蒙台梭利学习材料而言,蒙台梭利教育法的教育内容的安排更倾向于知识逻辑,是典型的学科式的结构性课程。

应该说,各种课程模式也在寻求一种在结构与开放之间的平衡。各种课程模式使用了不同的理论框架去组织这些结构性和半结构性的教育内容,走向综合课程的课程模式应当是一种发展趋势。

5. 持有科学的游戏观

游戏是儿童社会化的重要工具,帮助儿童掌握社会规则和习俗的本质,在游戏中了解社会规则、社交技能和适宜行为。一直以来,在中国的幼儿园中,游戏与课程似乎是对立的,游戏更多地被理解成无意义的玩闹,教师认为引导游戏更多需要讨论的是如何对游戏进行扩展,儿童的探索与游戏时间也被忽略了。游戏应当发挥非常重要的作用,甚至课程也可以通过游戏的形式来组织。常态下的游戏通常指的是自然状态下的游戏,幼儿根据自己的兴趣和需要,根据特定环境中的偶然刺激而激发的,在这种情况下,幼儿总是在他感兴趣的时候,以他特有的方式玩他想玩的内容。所以,游戏内容具有极大的变化性,游戏中实现幼儿某方面能力的发展也富有很大的偶然性。教师组织的游戏也应当是积极的、能有效激发幼儿兴趣的。

6. 持有主动的学习观

幼儿是如何学习的?建构主义学习理论告诉我们,学习是学习者积极建构的过程,儿童的学习不是被动地接受新知识,是主动与环境互动的过程,是从已有经验出发,不断建构新知识的过程,儿童的学习具有主动性与互动性的特征。

7. 持有正确的教育质量观

幼儿园教育质量可以界定为托幼机构所具有的能够满足主体需要的特性以及对主体需要的满足程度。幼儿园教育质量是当前我国学前教育改革与发展的重要课题,也是学前教育发展的永恒主题。向所有人提供受教育机会是一个胜利,但如果不能向他们提供有质量的教育,那只不过是一种空洞的胜利。

8. 掌握科学的评价方法

幼儿园课程评价应尽可能采用多种方法和手段,如现场系统观察、个人档案袋、随机交流、作品分析、教育笔记等。幼儿园课程是一个与个人和社会都紧密相关的体系,应尽可能让有关人员参与到教育评价中。

传统的评估方法往往是非互动的,儿童往往被要求去做一些并不喜欢的测试,有很多专业机构的测试都是儿童不熟悉的人在操作,并且是非自然的环境,固定死板的衡量标准。如果说传统的评价方法考察儿童正常状态下的发展水平,那么以游戏为基础的跨学科评价则可以考察儿童的潜在发展能力。

(三)幼儿园教师专业理念与师德的形成与变化

1. 幼儿园教师专业理念与师德的形成

正如卢梭所说:"有些职业是这样高尚,以致一个人如果为了金钱而从事这些职业的话,就不能不说他是不配这些职业的:军人所从事的,是这样的职业;教师所从事的,也是这样的职业。"因此,教师职业的特殊性就决定了教师专业理念与其他职业理念的区别,教师应当有着更高的理念追求。同样幼儿园教师师德建设不能满足于仅遵守道德底线或一般性道德要求,而应该激发教师更高层次的道德追求。

按照建构主义的观点,教师理念产生主要有两种途径,一种是自我建构,一种是社会建构。自我建构主要是个体通过从自身已有的经验出发,不断与环境相互作用,构建新理念的过程,个体的建构过程具有差异性和独特性。社会建构是指教师的教育理念的形成是社会、文化、历史的产物,而这种建构会随着时代和社会的改变而改变。幼儿园教师理念的形成过程遵循一般教育理念的形成过程,即首先是无意识阶段,在这一阶段幼儿园教师的教育理念是模糊的;其次是理念的具体化阶段,这时教育理念开始聚焦,并且能够通过教师主体描述出来,已经成为教师的一种观念;第三个阶段是形成阶段,当教师的教育观念在实践中不断得到检验,幼儿园教师不断反思,这时候教育理念会相对固化下来。幼儿园教师转变落后的教育理念,形成新的教育理念的过程称之为教师理念的更新。更新也有程度之分,有的教育理念更新是指知识的增加、经验的丰富,有的教育理念更新是指对教育的主要方面产生了根本性的变化。并且教育理念更新的程度不同,对幼儿园教育活动的指导程度也不同。如果只是知识上的增加,那么对实际教育活动实践的指导作用是很小的,如果已经内化为理念中的一部分,并且在实践中对其行为进行切实的指导,那么教育理念更新将会促使教师素质得到切实提高。

2. 教师专业理念与师德在实践中存在的突出问题

(1)职业倦怠

在很大程度上,倦怠情绪在教师职业生活中的突显是因内心产生一种迷茫与困惑:"我每天这般辛苦是为了什么?"找不到自身的价值与发展的动力。而教师出现这一现象的很大一部分原因是多元化社会让教师陷入了自我认同的危机之中。当前,我国社会中的各种价值观、意识形态纷繁复杂,难辨真伪,我们的幼儿园教师也是社会的一部分,也会受到这些纷繁复杂的多元文化的影响,出现了文化、道德、价值观等方面的认同危机。而当出现这些危机的时候,我们没有及时给予幼儿园教师以正确的价值引导,师德建设工作没有跟上步伐,师德建设没有对多元化社会的种种征候做出积极的回应和行动,也没有充分关注到幼儿园教师这一特殊群体的需求与立场。面对这一社会事实,教育工作者应当更多地去追究教育的责任。教育乃是教书育人,自身禁不住社会的考验,如何育人?如何行为世范?作为幼儿园教育专业工作者的幼儿园教师,更应当警醒自己,没有工作热情,何谈关注幼儿?怎么能促进幼儿健康快乐成长?自己的行为将会对孩子产生深远的影响,我们是要积极地去引导孩子,还是从启蒙教育阶段就给孩子带来负面的影响?

(2)教师形象受损

近年来,媒体对教师体罚、侮辱学生的事件报道层出不穷,频率分布较高的是中小学老师,教师这一职业已变得不再神圣,甚至很多家长都已经认为学校不再是安全的学园。近期,幼儿园教师虐童事件层出不穷,在负面新闻中,幼儿园教师往往被描述成了体罚者、变态狂、禽兽、流氓等,教师形象受到严重的质疑。作为幼儿园教师自身,应当清醒地认识到这种被质疑的教师形象和被神圣化的教师形象一样,都背离教师本真的现实生活,这些负面信息并不是我们幼儿园教师的全部,而只是其中的一小部分。同样,我们要认识到这些负面报道给我们所带来的负面影响,只有清楚地意识到,才能去其影响,才能提升职业认同感。

这些负面影响包含了以下几个方面:首先媒体对幼儿园教师形象的过度负面呈现恶化了幼儿园教师成长的社会环境。当代社会,媒体对公众意见的形成具有很强的引导作用,甚至不法分子会利用媒体煽动公众。现在的教师群体是敏感群体,稍微不慎就会被大肆追踪报道,其中有客观的部分,也有过度负面化倾向,而这些不恰当的报道直接影响大众对教师的客观、全面的认识。其次,幼儿园教师榜样如何确立?如果社会大众对幼儿园教师都采取不信任的态度,那么幼儿园教师何谈榜样一说?同样,这些会影响部分教师,降低自身对道德的要求,如此陷入一个恶性循环当中。再次,幼儿园教师已经产生了认同危机。大众传媒将

第一章　幼儿园教师概述

幼儿园教师形象世俗化、庸俗化,对教师头上的神圣光环进行了全面的破除。它已经在很大程度上颠覆了教师对教师这一职业本身固有的认识,这一颠覆性认识的突出表现就是,一些教师很难像过去一样充满自信、自豪地对外宣称自己的教师身份。

面对如此媒体眼中的幼儿园教师形象,我们如何应对?师德建设迫在眉睫,现在的师德建设所面临的情况已经不是空话与口号了,而是关系到幼儿园教师的自身形象与认同。幼儿园教师应当加强自律,坚守道德底线,对自身有高标准的道德要求,只有更出色,才能面对各种质疑的声音。对孩子的爱、对自己的律是我们工作必须坚守的准则。

(3)教育理念与教育行为的背道而驰

众所周知,教育理念具有很强的导向作用,好的幼儿教育实践都是在先进、科学的教育理念的指导下产生的。不会有自发的优秀教育实践,也更不会有自然而然形成的先进教育理念,这里主要想探讨二者之间的关系。在幼儿园教师的保育教育活动中,我们经常发现很多幼儿园教师教育"所说的"与"所做的"有差异,甚至背道而驰。比如时有所闻的"虐童"事件。幼儿园教师的教育理念与实践行为脱节具有多方面的原因,完美融合二者是有难度的。这个复杂的寻求过程正是教师在自己或他人的教学行为中对科学教学理念的再理解过程,正是教师的个人知识的获得过程,正是教师教育智慧的形成过程。

首先,要帮助教师认识到理念与实践的脱节是客观存在的事实。有多方面原因的存在,比如教育理念是存在于教师脑海里的意识形态,而面对孩子时的教师行为则受到很多其他方面因素的影响;又比如教师的教育理念更新不及时,对先进的教育理念理解上的偏差也会导致行为上的偏差。另外一种很常见的情况是,幼儿园教师所表达出来的教育理念并非其个体的真实情况,而是教师自身认为社会所倡导的所谓正确的理念。真正支配其教育实践行为的理念,很有可能教师本人并不察觉,是以隐形状态而存在,并且是真正对教师实践行为产生影响的一些潜在理念。

其次,在帮助教师认识到这一客观现象时,必须帮助教师转变观念,"只说不做""只做不说"或"说一套,做一套"都必须转变。在促进教师知行合一的过程中,既不能只重理论、观念的传授,而忽视实际教育行为的改善,也不能只教给教师具体的行为方式或方法,而忽视观念、理论基础的建构。

最后,如果幼儿园教师想要实现教师教育观念与教育行为的切实改善,就必须严格要求自身,做到观念与行为的一致,并在实践中不断反思自己的教育理念,用先进的教育理念指导自己的保育教育活动,融合二者。

3. 幼儿园教师如何形成科学的教育理念与良好的师德

幼儿园教师适宜的专业理念与良好师德并不是与生俱来的,也不是被动灌输的,而是教师通过各种方式与途径主动提升与修炼的结果。对于幼儿园教师而言,教师可以通过主动学习理论、参加培训、实践反思、榜样模仿、园本研修等几个基本途径来形成科学的教育理念与良好的师德。

(1)理论学习是科学的教育理念与良好的师德形成的思想基础

无论幼儿园教师接受的是专业化的系统性训练,还是在职参与的各种培训,都是幼儿园教师科学教育理念与良好师德形成的思想基础。这些系统化的训练和培训都能够或多或少给幼儿园教师传递什么样的理念是科学的,什么样的师德是让人崇敬的。首先要深化认识,提高自我发展的自觉性。时代在不断进步,幼儿园教师作为专业工作者,专业化程度将会越来越高,要想在竞争中有所突破,首先就要意识到发展的紧迫性,增强发展的内驱力。

其次要认真钻研,充分发挥教育活动的主渠道作用。幼儿园教师研究的天然优势就是与实践紧密相连,幼儿园教师每日最主要的活动就是一日生活安排活动组织,这是教师形成科学教育理念与良好师德的主要载体。再次,要开阔视野,多读书,读好书,多学习。在工作之余,可以培养阅读的习惯,不仅可以放松自己,还可以提升自身修养。

(2)实践反思是科学的教育理念与良好的师德形成的实践来源

教学实践活动的反思难在要有毅力,要有敏锐的观察力,要有长年累月坚持不懈的韧劲。单独的每个教育活动似乎说起来容易,但是一天的活动组织呢?一个月的活动组织呢?一年的活动组织呢?十年的活动计划呢?幼儿园教师经常会遇到事先觉得教育活动已经设计得挺好的了,但是一旦实际操作,又会有很多突发状况,效果远远没有预期中的理想,让人很容易气馁。另外,还有幼儿园教师如何长期保持动力,在职业倦怠浪潮中如何保持经久不衰的内驱力。每个幼儿园教师都会在自身发展的不同时期遇到不同程度的问题。应对这些问题,需要我们坚守

第一章 幼儿园教师概述

两点:首先是幼儿园教师要有主动学习的精神,尽可能地将自己的每一次经验都看成一次探索性的行为,及时从中总结出属于自己的教育理念,形成良好的教师职业道德规范。其次,幼儿园教师还必须要有有效反思的能力。教师需要有透过现象看本质的能力,即具备透过具体、零散的教育行为,看到现象背后的原因和规律,并能够对此做出理论上的归纳和总结以及升华。

(3)榜样模仿是科学的教育理念与良好的师德形成的直接途径

通过对他人作为师德榜样的体察、习得和模仿是幼儿园教师促进自身的专业理念与师德生成的有效方式。教育理念也许无法模仿,但是我们可以模仿把先进教育理念外化为实践的适宜教育行为。师德榜样则是那些在师德和专业理念方面具有典型成就的教师。榜样模仿就是幼儿园教师通过对这些行为榜样和师德榜样的观察、学习、体验来获得体悟,并进而自觉或不自觉地接受和效仿榜样的过程。

幼儿园教师在模仿榜样的过程中需要注意两点,其一,注意模仿的选择性,并非榜样的每个行为都值得我们模仿,也许在某些方面我们自己做得更好,要注意学习榜样者优秀的教育行为、教育理念和教育规范。在学习的过程中,不要盲目贬低自己,更不要盲目抬高别人,需要我们的理性思维和批判精神。其二,注意学习榜样行为背后的理念与价值观。榜样学习不仅仅注重表层的行为举止,其最重要的是要注重精神内核,把握住了这个,我们就可以应用到其他场合,从而内化为自身的教育理念。

(4)合作学习是科学的教育理念与良好的师德形成的必备方式

幼儿园教师合作学习是提高幼儿园教师素质、促进幼儿园教师专业发展、改善幼儿园教育教学、营造幼儿园教师文化的重要途径。在园本研究过程中,教师通过与其他同伴的思想碰撞,对外在的教育理论或者道德规范进行践行和重构,使之真正内化为自己的理想信念,提升自身师德修养。合作学习是幼儿园教师个人自我反思的更高层次阶段,不仅可以帮助教师在知识上取长补短,而且可以在情感上相互支持,在思想上互相影响,在行为上互相督促,对科学教育理念的形成和良好道德的形成具有无法替代的作用。

第三节　幼儿园教师的职业规范与专业标准

一、幼儿园教师的职业规范

现代社会的快速发展使得劳动分工越来越精细,人们必须具备从事某项职业应具有的素质,包括精神风貌、业务能力、行为举止和身体状况等方面内容,才能够较好地胜任现代社会的各项工作。因此,各行各业对自己的从业人员都有相应的要求与规范。其中,专门性职业具有一定的特殊性,对其从业人员的要求更高。教师不仅是一种职业,更是一种专业,有志于从教的人员必须满足相应的从业条件和专业要求才可成为一名教师。教师劳动的特殊性决定了对教师职业既有与其他职业相同的,又有特殊的素质要求。幼儿园教师作为教师群体中最特殊的一个组成部分,对幼教从业人员提出更为独特的职业要求与规范。

(一)幼儿园教师的职业道德规范

与其他教育阶段的教师相比,幼儿园教师属于教师群体,有志于从事幼教事业的人员必须具备教师群体普遍的职业要求与规范。因此,我国对幼儿园教师职业规范的基本要求主要包含以下几个方面:较高的职业道德、教育教学能力、专业知识与技能、终身学习的意识和能力等。然而,幼儿教育工作的特殊性与复杂性,特别是幼儿身心发展的年龄阶段特点,又决定了幼儿园教师必须满足幼教事业特定的职业要求。其中,幼儿教育阶段对幼儿园教师的职业道德提出了更为严格的要求,现实生活中频发的教师道德失范与行为失范案件更是说明了有必要对幼儿园教师的职业道德规范进行进一步的探讨与分析。[①]

---

① 陈海燕.幼儿园教师专业素养实证调查研究[J].品位·经典,2021(22):147-150.

第一章 幼儿园教师概述

所谓教师职业道德,是一般的社会道德和职业道德在教师职业生活中的具体表现。进一步来说,是教师在教育实践活动中形成的处理教育过程中各种关系的行为规范与品德的总和。教师职业道德规范源于教师的教育实践,是教师职业道德的外在形态,也是教师职业行为约束的凭据。我国统一的幼儿园教师职业道德规范仍处于缺位状态,这对我国幼儿园教师队伍的道德建设,特别是对幼儿园教师的实践活动无法起到良好的规范与指导作用。近年来,幼儿园教师行为失范的案件频发,更是将我国幼儿园教师队伍的道德建设推向风口浪尖,建立统一的幼儿园教师职业道德规范具有现实的紧迫性。由于教师职业道德规范属于道德范畴,主要解决的是教师在教育工作中如何处理好几种主要工作关系的问题,因此,以下按照教师在教育工作中面临的几种主要关系来尝试构建一个比较完整的幼儿园教师职业道德规范纵向体系,包括幼儿园教师与学前教育事业的关系、幼儿园教师与幼儿的关系、教师与家长及其他相关人员的关系、教师与其他教师及教师集体的关系;而横向上,职业道德规范包括三种层次,即理想层次、原则层次和规则层次。

首先,在处理幼儿园教师与学前教育事业的关系上,要求幼儿园教师做到热爱学前教育事业,爱岗敬业,依法执教。其中,将自己献身于幼儿教育事业是该关系层面的理想层次与最高层次,这一类型的教师在工作中会突破时间和空间的限制,其取得的劳动报酬完全无法与教师的劳动付出相比;而为人师表、依法执教是原则层次,要求教师必须践行社会对教师岗位的要求,并以身作则,成为幼儿学习和模仿的榜样;最低水平的规则层次,要求幼儿园教师不得做有违国家法律法规的任何活动,在个人的言行举止上和教育教学工作中,必须达到教师的基本要求。

其次,在处理幼儿园教师与幼儿的关系上,要求教师做到热爱幼儿,平等、公正对待每个孩子,认真倾听孩子的心声。"热爱幼儿"是教师对幼儿最深刻的情感,因为有爱,教师才会发自内心一切为了孩子好,才会为了孩子而付出自己,才会无私地奉献。在原则层次上,要求幼儿园教师必须尊重幼儿,把幼儿看作在人格上是与自己平等的个体;公正、民主地对待每个幼儿,不能因为幼儿的任何个体差异而有差别地对待幼儿,认真听取每个幼儿的意见和想法。在处理与幼儿的关系上,对幼儿园教师提出的最基本的规范,便是要求教师不能以任何借口做任何可能对幼儿及其家庭产生不良影响的错误举动,而不得歧视、体罚、虐待幼儿是规范中的基本要求。近年来频发的"幼师虐童事件"却恰恰是部分不良教师对这基本底线的挑战。国家必须重视并通过法律法规手段来切实保护好幼儿,并对这部分教师做出严厉处置,绝不容许这类现象再次发生。①

再者,在处理幼儿园教师与家长及其他相关人员的关系上,要求教师对家长做到真诚相待,主动沟通,帮助家长提高科学育人水平并争取家长对幼儿园工作的积极配合。在这一问题上,最理想的状态便是幼儿园教师能够以一种主动积极的态度去与家长进行交往,充分发挥幼儿园教师的专业力量,扩大教师的专业影响力;在交往过程中,教师一定要以平等的姿态与家长进行沟通联系,不能把自己摆在一个高高在上的地位,教师尤其不能以任何借口区别对待不同家长,更不能侮辱家长或向家长索取财物等好处。

最后,有关幼儿园教师与其他教师及教师群体的关系,要求教师努力做到把集体和他人的利益、需要置于自己之上,并能够相互信任和尊重,团结合作,共同发展。最低层次上的规范便是要求教师做到不能毁谤或造谣中伤其他教师或教师群体的人格、声誉和工作绩效;教师不能剽窃他人的工作成果,不能影响其他教师的正常工作,不能利用自身职务之便将不合格者引入幼教行业或帮助其进行职务晋升等。

总的来说,学前教育作为基础教育的基础,幼儿园教师作为幼儿成长关键期中的重要他人,要尽量做到打从心底热爱幼儿,热爱学前教育事业,从各个方面给孩子树立一个正确的学习榜样,为促进孩子的身心全面协调发展而不断努力。国家要尽快出台统一的幼儿园教师职业道德规范,以此来引导、规范教师的教育实践,以更好地保护幼儿,促进幼儿的健康、快乐成长。

(二)幼儿园教师职业的社会压力和吸引力

研究发现,教师是一种工作压力非常高的职业,经常要面对学生、家长、学校领导与教育行政部门领导、社会等不同群体,他们会对教师提出各自要求;除此之外,教育本身的发展,如课程改革与教师自身的专业成

---

① 苏爱洁.幼儿教师职业道德规范与践行指导[M].上海:复旦大学出版社,2021:69.

第一章　幼儿园教师概述

长等也都给教师带来巨大的工作压力。幼儿园教师作为教师群体中的一员，也不可避免面临着这个问题。与其他教育阶段的教师相比，幼儿园教师身上承担的社会压力更为严峻。学前教育的重要价值、与世界上最天真无邪的儿童间的相处，让这份工作对社会大众，特别是女性而言，又具有很大的吸引力。

1. 幼儿园教师职业的社会压力

学前教育作为基础教育的重要组成部分，不仅担负着帮助幼儿做好入学准备的职责，更承担着在儿童各种能力发展的关键期内促进幼儿身心全面和谐发展的重要任务，关系着学生个体、家庭，乃至社会与国家未来的发展前景。因此，幼儿园教师作为学前阶段重要教育职责的主要承担者，承担着巨大的社会压力；面对的教育对象又是生活尚无法自理的年幼儿童，工作极具挑战性。就社会压力而言，幼儿园教师职业的社会压力主要是由于社会对这个职业群体所能起到的作用给予过多、过高期待所致。并且，随着社会经济的快速发展，对高质学前教育资源的要求，导致对幼儿园教师素质的要求步步攀升，幼儿园教师面临的社会压力不断增多。

第一，现代社会首先希望幼儿园教师是一个合格、称职的教师。就教师职业而言，从不同群体的角度来看，"称职教师"有不同的特征表现。以公众（主要指非专业人员、学生家长等）为例，在公众眼里"称职"的教师应该做到以下几点，包括对自己的雇佣者负责、对同事负责、对学生和家长负责和对自己负责。具体到对幼儿园教师的期待，结合幼儿园保育与教育相结合的特点，公众不仅要求幼儿园教师要保障幼儿的身心健康与安全，还要求教师为幼儿各方面素质的发展创造条件，促进幼儿身心和谐全面发展。"称职"是任何一个职业对其工作人员的要求，因此这是教师职业本身给教师带来的压力。

第二，现代社会希望幼儿园教师是一个"爱"的教育者。从古至今，人们总强调教师要热爱自己的教育对象。对年幼的儿童来说，"爱"是这个年龄段他们特别渴望得到的，对幼儿的身心健康发展会起到重要的影响，甚至影响到孩子未来的发展。因此，社会希望幼儿园教师在进行教育教学实践时，都能心中满怀热爱之情，从心底去爱孩子，去教育孩子，而不只是将这份职业单纯视作一份糊口的工作。并且，这种师生之爱不是只存在幼儿园这个空间范围内,而是成为幼儿园教师的专业精神与态度。教师将这种师爱深入幼儿的心底,使幼儿充满对他人、对世界的热爱,以一种更积极、更乐观的态度去看待这个世界。因此,为了这个世界更美好,这是社会对幼儿园教师的期待,同样给教师带来了压力。幼儿园教师的工作十分繁杂和艰辛,但教师却始终要将最美好的一面展现在孩子面前。

第三,现代社会希望幼儿园教师是一个与时俱进的"学习者"与"实践者"。经济社会在快速发展,知识更新的速度日新月异,幼儿园教师面对的教育对象又是世界上最有好奇心,最爱问"为什么"的幼儿,为了保证教育的科学性和准确性,社会对幼儿园教师的素质要求越来越高,要求幼儿园教师必须不断更新知识面,不断提升自己的能力水平,并能进行科学研究,利用研究结果来调整、改善自己的教育教学实践,这给教师增添了许多工作量。上述所有要求促使幼儿园教师为了达到这一目标,必须不断学习、进修,提高自学能力,以胜任工作所需。因此,这是社会发展和教师职业特点给幼儿园教师带来的压力。

第四,与现代社会赋予幼儿园教师许多的教育期待形成鲜明对比的是,幼儿园教师的劳动报酬与所得并不能满足教师内心所需,劳动付出与所得间的冲突与矛盾同样带给教师很大的压力。尽管在传统文化中,教师的形象总是无私奉献而不汲汲于对物质利益的追求。但现代社会中人们的价值取向已发生改变,并且人们也需以物质利益所得来获得自我实现的自豪感与荣誉感。因此,尽管很多幼儿园教师确实热爱这份事业,也能成为优秀的幼教工作者,但与其他职业所得进行对比的结果,又让很多教师的内心产生失落感与心理的不平衡,这对幼儿园教师队伍的稳定性产生极为不利的影响。这种心理上的失落与不平衡是现代社会文化下幼儿园教师的重大压力。

除上述几点外,幼儿园教师还面临着其他方面的压力,这些压力会对幼儿园教师的工作造成消极影响,如教师日益严重的职业倦怠感、教师流动性不断提升等。甚至,这些压力也在一定程度上削减了幼儿园教师职业的魅力与社会吸引力,导致很多对幼儿教育事业有兴趣的人"望而却步"。

2. 幼儿园教师职业的吸引力

职业不仅是一种谋生的手段,还是一种个人追求自我实现,获得自

第一章 幼儿园教师概述

豪感与荣誉感,实现个体人生价值的重要途径。因此,任何一种职业都有属于自身独特的魅力和吸引力,但魅力的大小和表现形式各有不同。例如,有些职业能带给人较多的经济报酬,有些让人获得较高社会地位,而有些职业带给人们的精神享受高于物质回报。社会上每个个体根据自身所需,被不同职业所吸引,并在多种因素的共同影响下进行不同的职业选择。幼儿园教师作为一种职业,同样具有自身独特的魅力与吸引力,以下从物质与精神两个方面来具体分析幼儿园教师职业的社会吸引力。

在物质方面,幼儿园教师这一职业能给人们带来的物质回报无法跟金融、科技等领域的职业相比,但其社会吸引力表现在:首先,幼儿园教师的工作相对稳定,而金融、信贷、科技等行业的工作却具有一定的风险性与不稳定性。教育的永恒性、教育对个体与国家未来发展的重要性决定了,在任何一个时期与任何一个国家,教师职业永远不会消失并一直会受到社会较大的关注。只要个体具备教师工作所需的专业能力,其教师工作一般较为稳定。在一个家庭中,至少能确保有一份固定的收入。其次,幼儿园教师的工作时间相对固定并享有较多休假的权利。现代社会中,只有教师这一职业能享有与在读学生一样多的假期,并且大多是带薪假期。这让幼儿园教师有较多的时间与家人相处,使家庭关系和睦,并能充分安排自己的业余生活等,也有较为集中的时间参加在职进修等活动,促进自己专业成长。

与物质回报相比,幼儿园教师这一职业在精神待遇上具有更大的吸引力。第一,幼儿园教师的工作环境相对简单,教师是从事培养人的工作,当幼儿取得点滴进步时都会带给教师极大的喜悦与成就感。第二,幼儿园教师的教育对象是心灵纯真的孩子,教师在知识经验、能力水平等方面都是孩子学习的榜样,因此,在教育活动中,教师往往扮演着组织者和引导者的角色,教师受到孩子无条件的信任,个人权威得到充分体现,教师的自信心得到极大增强。第三,随着社会对学前教育重要价值的认识愈加深刻,幼儿园教师这一职业越来越受到社会重视,教师也越来越感受到家长与其他社会大众的尊重,教师可以从他人的态度中感受到自身工作的重要性,有一种自豪感与荣誉感。总的来说,幼儿园教师可以从自己的工作中得到较丰富的精神享受。

每一种职业既然能够存在,就必有其存在的理由与价值,当然也有属于它自身的压力与吸引力。幼儿园教师这一职业同样如此。随着社会经济的发展,对幼儿园教师的要求只会不断提升,一定的压力可以促使教师积极学习,不断提升自己的专业水平,学前教育的重要性也让幼儿园教师的工作越来越受到更多的重视与支持,相对的也就提升了这一职业的吸引力,可以吸引更多优秀人才进入幼教行业,进而更好地促进幼儿健康、快乐成长。

二、幼儿园教师的专业标准

(一)教师专业标准的产生与发展

在一线的教育实践中,教师职业最早并无专门的师资培养培训机构,当时社会对"教师"的要求也不高,教师的社会地位与经济收入自然就低。因此,对于择业的个体而言,教师并非一个理想的职业选择。随着公共教育特别是旨在为高等教育做准备的中等教育的大规模发展,客观上要求从教人员必须具备能够顺利开展教学所需的基本的知识与技能,对教师的素养要求也就相对提高,这直接导致正规的师资培养培训机构的诞生与发展。随着传统师范教育逐渐向现代意义上的教师教育发展,尽管在大学培养教师已经成为世界的主流,但教师的专业性仍备受质疑。教师的专业性与教育学专业地位的确立息息相关。教育学自19世纪开始进入大学成为一门独立学科起,其专业性就受到人们关注,学者们纷纷思考如何通过教育学、教学论等教育类课程来促进教师的教学工作,但教育学专业地位的确立始终因其学术性不足,即难以发展出与哲学、医学、科学等学科相匹敌的系统知识体系而备受传统学术学派的批判。因此,关于教师是否为一种专业的讨论至今尚无一个令各方人员满意的答案。[1]

20世纪五六十年代,国际形势的加剧导致教育改革运动愈发激烈,教师专业化运动也迎来了一个更为剧烈的过程。尽管与大学教育结盟一直是教师职业朝向专业发展的路径选择,但教师的专业教育最早主要参考的是医学及其教育,实践取向较为明显;"二战"结束后,随着教育学

---

[1] 尹小美.普惠性民办幼儿园教师专业素养的提升困境及改进策略研究[J].快乐阅读,2021(20):66-67.

自身学术研究的转向,教育学院在培养培训新教师时,逐渐从传统的基于中小学教师教学实践问题的培训转向以研究为支撑的专业教育。受此影响,对教师专业化的研究也出现了理论化的趋势,教师专业标准的制订也由与教师合作建立一个更关注教学实践本身的专业标准逐渐转向基于教育学自身的研究成果和专家意见共同制订一个兼具理论性与实践性的标准。此外,在教师专业标准的制订主体方面,由于教育的重要性使其越来越成为一种国家事务,国家在不断加大对教育支持力度的同时也不断加强对教育的控制和影响,除教师和相关专业组织外,政府机构也逐渐加入制订教师专业标准的行列。

美国的教师专业化运动主要是由专业组织与机构来推动,因此被称为专业中心(profession-centered)模式,而亚洲国家与欧洲大陆的教师专业化过程则可被看作典型的国家中心(state-centered)模式。教师专业化过程中采用的模式决定了在教师专业标准制订时主要发挥作用的主体与标准作用的范围。

教师专业化运动进行到今天,专业标准的制订与实施使教师职业具备了成为一种专业所需的部分元素和条件。因此,教师专业标准的制订是教师发展成为专门职业的内在要求。当专业标准的制订成为一种毋庸置疑的事实后,如何制订、制订什么样的专业标准是摆在国家、专业组织、教师群体等制订主体面前的难题。由于教师专业标准直接影响到教师教育的目标、课程与教学等,也影响了教师自身的专业发展规划与对课堂教学工作的理解,在制订专业标准的过程中一定要秉持小心谨慎的原则。有学者指出,在制订教师专业标准时要注意以下几点。

(1)复杂难测的教育情境是教师职业的最大难题,教师的实践智慧与批判性思维是教师教育培养出的教师候选人应该具有的最关键能力。

(2)加强对实际教育情境的反思、探究与教师间的专业交流是教师教育过程中必须对学生强调的重点。

(3)除传授知识外,教师自身的人格特征对学生产生的育人方面的影响也是教师在职业生活中必须关注的重要内容。

(4)教师自身对教育工作的热爱与个人自我价值的实现应该成为驱动教师专业发展的主要动力。

受各自社会、经济、文化、教育等方面特征的影响,各国在制订教师专业标准时各有各的侧重点,如欧洲大陆和亚洲国家主要强调教师候选人的学历知识,英美国家则更注重教师的专业自主性。不同国家之间对教师专业标准的认识也有相同之处,包括教师的专业训练、专业信念与道德、专业知识与能力等都是各国教师专业标准强调的重点。

(二)我国幼儿园教师专业标准

立足国情,放眼世界。我国幼儿园教师专业标准的制订是"站在巨人的肩膀上",在对世界上发达国家发展相对成熟的教师专业化运动与教师专业标准进行系统分析的基础上形成的,是世界幼儿园教师专业发展运动的重要组成部分。并且,在吸收借鉴国际经验时,充分考虑了我国学前教育发展与幼儿园教师专业发展现状,最终形成符合我国国情,能够真正对我国幼儿园教师队伍建设起到积极的引导作用的《幼儿园教师专业标准》(以下简称《专业标准》)。

1. 专业理念与师德

在这一维度上,《专业标准》提出幼儿园教师要具备的专业理念与师德,包括对职业的理解与认识、对幼儿的态度与行为、幼儿保育和教育的态度和行为、个人的修养与行为四个领域。由于学前教育的教育对象是身心发展迅速,但生活尚无法自理,极易受到伤害的幼儿,因此,《专业标准》在制订过程中始终秉持的基本理念之一便是"师德先行",对幼儿园教师的师德与专业态度提出了特别要求,要求幼儿园教师不仅要满足一般教育行业从业人员的职业道德修养,针对幼儿身心发展的独特性,在专业态度上还必须将保护幼儿生命安全放在工作首位,并重视环境和游戏对幼儿发展的独特作用,将游戏作为幼儿的主要活动,将探索、交往等实践活动作为幼儿最重要的学习方式等。

2. 专业知识

如针对幼儿在这一阶段易出现一些安全事故等问题,《专业标准》要求教师必须了解幼儿发展中容易出现的问题与适宜的对策,熟知幼儿园的安全应急预案,掌握意外事故和危险情况下幼儿安全防护与救助的基本方法。

第一章 幼儿园教师概述

3. 专业能力

所谓专业能力,就是幼儿园教师必须具备的教育教学实践能力。其中,既包括对合格教师在专业能力上最基本的要求,如教师要掌握不同年龄幼儿身心发展特点和个体差异的能力、要有顺利实施一日教育教学活动的能力,又提出教师必须制订专业发展规划,不断提高自身专业素质。

第二章 新时代幼儿园教师的职业道德素养研究

俗话说,立业先立德,做事先做人,做万事成百业,都必须从学做人开始。"做事先做人"不仅是为人处世的原则问题,更是每个人都必须对待的道德问题。人要生活得幸福美满,必须遵守"法"和"德",法是国法,即国家的法律法规,德是道德。何谓道德?道德是人们共同生活及其行为的准则和规范,是调整人与人之间关系的润滑剂。守法和遵德,二者缺一不可。违法固然会受到法律的制裁,但缺德同样可怕,因为一个不守德的人,一定会产生缺德行为,不道德行为长期积累就会发生质变,要么为人们所不齿,要么触犯法律而受到制裁。由此可见,一个不会做人的人,永远不会有高尚的理想和事业。

第一节 幼儿园教师职业道德概述

一、幼儿园教师职业道德的价值

(一)幼儿园教师职业道德是履行教师基本职责的根本

《国家中长期教育改革与发展纲要(2010—2020年)》中指出:"严格教师师资,提升教师素质,努力造就一支师德高尚、业务精湛、结构合理、充满活力的高素质专业化教师队伍……加强师德建设。加强教师职业理想和职业道德教育,增强广大教师教书育人的责任感和使命感。教师

第二章　新时代幼儿园教师的职业道德素养研究

要关爱学生、严谨笃学、淡泊名利、自尊自律,以人格魅力和学识魅力教育感染学生,做学生健康成长的指导者和引路人。"这些要求都明确了教师职业道德在教育活动中的重要地位和作用,尤其以教育改革和发展规划的方式将其提出来,更说明了教师职业道德与教育质量、教育根本目的、教师天职之间的密切关系,对实际教学行为当中教师职业道德的实践能够起到积极的促进和影响作用。

(二)幼儿园教师职业道德有利于教师道德品质的完善

教师道德品质的构成主要有道德认知、道德情感、道德意志、道德行为四个方面。这四个方面不是彼此孤立的,而是具有内在的、必然的联系。道德认知是整个道德品质发展的前提,道德情感、道德意志、道德行为都是在一定的道德认知的指导下形成的。没有正确的认识,道德情感就无从产生;没有强烈的道德情感,道德意志就不能持久;没有坚定的道德意志,就无法形成正确的道德行为。

一般来说,幼儿园教师良好的道德品质包括热爱幼儿、公平正义、严于律己等。良好的道德品质是做好教师的第一要素。幼儿园教师只有提升自身的道德品质,完善道德素养,才能有效地完成自己的工作。

二、幼儿园教师职业道德的原则

(一)幼儿园教师职业道德原则的要求

1. 要求教师树立正确的"三观",全心全意地投入幼儿园教育事业

幼儿园教师要依据教师职业道德原则的要求,树立正确的、科学的、崇高的"三观",即世界观、人生观和价值观。因为"三观"既是提高教师自身思想道德素质的需要,又是社会主义现代化建设事业的客观要求,还是抵制和批判各种腐朽思想的需要。

2. 要求教师掌握丰富的科学文化知识和高超的教育技能,具备娴熟的专业能力

幼儿园教师只有不断学习,涉猎更为广阔的知识,刻苦钻研,不断优化自己的专业知识结构,才能增强与幼儿发展相关的知识,才能增强与幼儿保育和教育相关的知识以及通识性知识。幼儿园教师只有增强了理论知识,才能在实践中有效地运用知识,也才能在实践中不断提高自己的专业能力,如环境创设与利用的能力、日常生活的组织与保育能力、游戏活动的支持与引导能力、教育活动的计划与实施能力、激励与评价的能力,等等。

4. 要求教师具有顽强的意志和毅力以及崇高的精神境界

意志是幼儿园教师在幼儿园工作过程中,自觉排除各种障碍,克服各种困难的毅力和能力。教师如果没有顽强的意志,就会在困难面前畏缩不前、寸步难行,甚至畏惧退缩、半途而废。幼儿园的工作艰巨而复杂,加之社会上的利己主义、功利主义、享乐主义、拜金主义等腐朽思想的影响,必须要求幼儿园教师具有崇高的精神境界,自觉抵制腐朽思想的影响,不消极、不抱怨,真正做到兢兢业业、专心致志,献身教育事业。[①]

(二)幼儿园教师职业道德应坚持的基本原则

1. 依法执教原则

依法执教是社会向教师提出的基本要求,也是每一位教师在工作中必须履行的义务,是做一名教师的起码准则。教师要为人师表,就要做遵纪守法的榜样。只有依法执教,才能培养出具有较高知法、懂法、守法素质的儿童。依法执教,是维护社会稳定、构建和谐社会、促进国家长治久安的重要保证。

贯彻依法执教原则,要求幼儿园教师须做到以下几个方面。

(1)了解我国的教育法律、法规

了解我国已颁布的教育法律、教育政策、教育法规,特别是与幼儿教

[①] 修云辉,黄秀群,湛月. 贵州省农村幼儿园教师融合教育素养现状及对策研究[J]. 绥化学院学报,2021,41(10):117-120.

第二章　新时代幼儿园教师的职业道德素养研究

育相关的法律法规,并且深刻理解我国幼儿教育法律、法规以及阶段性的幼儿教师事业发展目标,是作为一名幼儿园教师必须做的功课。当然,除了了解和理解国内的教育法律法规之外,对于国际上相关的法律法规的了解,更有利于幼儿园教师深刻领会这些法律法规的内在精神,如对《儿童权利公约》的学习能够使幼儿园教师更好地理解我国幼儿教育法律、法规对幼儿受教育权利的重视,以及对幼儿独立人格的尊重等精神。①

(2)反思自己的教育实践活动

在了解了我国的教育法律法规,总结和体悟了国家的教育政策方针和主流幼儿教育思想之后,最重要的是需要在教育实践中勤于反思。

2. 保教并重的原则

"保教并重"是幼儿园教育的基本原则之一,坚持保教结合的原则是幼儿园的基本任务,是幼儿园教育范畴中的重要组成部分。

贯彻保教并重原则,作为幼儿园教师,需做到:

(1)真正理解保教结合的含义

幼儿园教师要树立全面发展的教育思想,真正理解保教结合的含义。保教结合,就是指幼儿园的工作人员在工作中应牢固树立"保教并重"的观念,在各项活动中"保""教"结合,做到"保中有教""教中有保"。

(2)寓保教结合原则于日常生活中

如幼儿每天的进餐活动,就是一个非常好的保教结合教育契机。为了避免孩子入厕、洗手时的拥挤,端饭菜时的喧闹,可以采取动静交替的游戏方式,让全班孩子坐在中间,由一个孩子来玩"送信""开飞机"等小游戏,然后依次轮流。通过游戏,孩子们知道了全国各地的名字,了解各地的风俗习惯。等老师把餐车推到第二组时,第一组的幼儿就自觉把小凳子端到桌子旁边,自觉排队去入厕、洗手。老师一组一组接着盛饭菜,幼儿一组一组轮流如厕、洗手,这样既避免了孩子吃饭时的拥挤、喧闹,又减少了等待的时间,没有轮到的幼儿依然在玩游戏。针对幼儿吃饭掉米粒、挑食的现象,可以结合健康活动《今天你喝了没有》《肠胃小闹钟》,让幼儿知道喝牛奶有利于身体发育,知道按时吃饭、不能吃太多零食是人体的健康需要。结合绘本阅读《爱吃水果的牛》,教育孩

---

① 刘星,申利丽.幼儿园教师职业道德[M].成都:西南交通大学出版社,2017:103.

子要多吃水果,这样身体才会更健康。如此一来,在幼儿的一日保育生活中抓住一切机会进行教育,有利于幼儿养成良好的进餐习惯和生活习惯。

(3)寓保教结合原则于教学活动中

在教学活动中,教师要了解每个幼儿的基本情况,针对不同的幼儿采取不同的教育方法。如针对平时不爱说话的幼儿,教师要注意多与他们接触交流,并创造条件多给他们说话的机会和条件。对于自尊心较强的幼儿,如果他们有不当之处,教师不应当众批评,而是个别交谈和帮助,保护他们的自尊心。对于一些没有听清教师要求而回答错问题的幼儿,教师也不能直接批评,而应进行引导,从而使幼儿在心理上产生安全感,情绪上稳定,心情比较愉快,这样一来,幼儿也就有信心学好、做好每一件事,这样有利于培养幼儿的积极性、上进心和自信心。[①]

3. 为人师表原则

"为人师表"一词最早出现在《北齐书·王昕书》中,即"杨惜重其德业,以为人师表"。"为人"指做人、做事、接物的一切活动;"师"指学习、仿效;"表"指榜样、表率;师表是可以效仿的表率。起初是对教师和官吏的统一要求,现代则专指教师。著名教育家叶圣陶曾说过:"教育工作者的全部工作就是为人师表。"这就是说我们做教师工作的,必须要规范自己的言行举止,要以自己的"言"为学生之师,"行"为学生之范,言传身教,动之以情,晓之以理,导之以行,做名副其实的人类灵魂工程师。德国著名教育家第斯多惠强调,教师本人是学校里最重要的师表,是最直观、最有效益的模范,是学生活生生的榜样。由此,为人师表原则就成为教师职业道德的基本原则之一,也是幼儿园教师职业道德规范的内在要求和师德底线。

4. 尊重家长原则

作为幼儿园教师,要做到尊重家长,热情为家长服务,使学校教育和家庭教育形成合力,共同促进幼儿的健康成长。

---

① 韦天琪,张文京.幼儿园教师融合教育素养研究现状及素养提升建议[J].兰州职业技术学院学报,2021,37(02):124-126.

贯彻尊重家长原则,要求幼儿园教师做到以下几点。

(1)尊重家长不同的需要,耐心对待家长提出的不同问题

每个儿童都是独立发展的个体,都有不同于其他儿童的身心发展的独特性。每个儿童的需要、兴趣、性格、能力和学习方式等都不同,因此,家长对幼儿的期望、对教师的要求也常常表现出明显的差异性。作为一名幼儿园教师,不能因为家长的特殊需要或者过多的要求而对家长产生不满或厌烦的情绪,更不能因此冷淡或回避家长。而是应该热情、耐心地听取家长的想法和意见,尊重每位家长的不同需要,从每个家庭的差异性特点出发,因家庭而异地进行有针对性的指导性工作。

(2)尊重家长的话语权,耐心接受家长的合理建议

家长在幼儿园的教育教学工作中享有正当的话语权,但是在日常的幼儿园教育实践中,往往会出现一边倒的现象,即教师是绝对的权威,家长只是处于被动地接受和配合的位置上。如此一来,不仅剥夺了家长的话语权,而且也忽视了家长在幼儿教育中的作用和价值。

实际上,家长在与孩子的相处中,对孩子的兴趣、性格、爱好等都了如指掌,家长最能真实、客观地呈现出孩子在家中的表现,而教师也可以借助家长的语言表述来获取幼儿在园外的真实面貌。例如,通过小型家长座谈会,让家长谈谈育儿的心得体会;欢迎家长走进幼儿园的日常生活,全面了解孩子在幼儿园的生活状况;邀请家长参与幼儿园管理,积极为幼儿园教育建言献策。

第二节 幼儿园教师职业道德的前提和表现

一、爱国守法:教师职业道德的前提

(一)爱国主义

列宁说:"爱国主义就是千百年来巩固起来的对自己祖国的一种深厚情感。"爱国主义是师德之魂。教师的爱国主义集中体现在全心全意

为人民服务中；体现在用满腔热情和辛勤汗水浇灌可爱的幼苗，让他们茁壮成长中；体现在教学中把爱国主义精神渗透于各个环节，点燃幼儿的爱国思想火花。

幼儿是21世纪国家的栋梁，是爱国教育的关键期，他们受到什么样的教育，将会成长为什么样的人，直接影响着我国社会主义事业的未来。"天下兴亡，匹夫有责"，爱国并非只是一个口号，更是一种责任，一种在深刻了解祖国后，并以实际行动参与其中。就幼儿教师而言，要带头爱国，率先垂范，做个学生心目中"高山仰止，景行行止"者。

1. 爱国主义是师德之魂

国家发展的希望靠教育，民族振兴的希望靠教育，而幼儿是祖国的希望、祖国的花朵。爱国就要为国家培养优秀的人才而做出贡献，对学生的热爱，满腔热情地浇灌可爱的幼苗是对幼儿教师行为规范最起码的要求。在一望无际的知识海洋里，幼儿教师应满足小朋友的求知欲望，激发他们的奇思妙想，培养他们的学习兴趣，教会他们做人的道理，让他们每天都有一点一滴的收获，每天都有一言一行的规范。作为一名幼儿教师，应以极大的热情投身于幼儿教育事业中，用真情关注幼儿教育，用真心关爱每一个孩子，让孩子们沐浴在爱的阳光下，在雨露滋润中春色满园，在祖国大花园中含苞绽放。

2. 树立热爱祖国的思想

"百年大计，教育为本，教师大计，师德为本"，师德是整个教育大工程的奠基，而爱国主义是"师德"的核心。幼儿教师作为孩子的启蒙老师，应率先垂范、为人师表。首先，要树立热爱祖国的思想。我们都知道，幼儿犹如洁白无瑕的银幕，教师好比清晰的拷贝，拷贝上的各种形象总是要毫无掩饰地投映到洁白无瑕的银幕上，一名幼师的品行、举止、言行、态度都会直接影响到幼儿。这种教育的影响是"任何教科书、任何道德笃信、任何惩罚制度和奖励制度都不能代替的一种教育力量"[①]。

对祖国的热爱是对幼儿教师最起码的道德要求。热爱祖国，要求教

---

① 刘晓明. 幼儿教师职业道德：行为规范与自我养成[M]. 长春：东北师范大学出版社，2013：177.

师首先用行动来证明,爱国就是承担责任,爱国就是做最优秀的自己。教育者要把爱祖国爱家乡作为政治学习的基本内容,激发爱国激情。把家乡的过去和家乡的现在进行对比,并展望家乡的美好未来,更让我们深知当代中国的伟大成就,进一步提高了爱国主义思想觉悟,产生对祖国的热爱,包括爱祖国河山,爱祖国人民,爱祖国文化。

(二)遵纪守法

1. 遵纪守法是现代教师基本的道德准则

"师者,所以传道受业解惑也。"道是师的灵魂,业是载道的工具,师是道的传播和业的解惑者。作为新时期的教育工作者,尤其是幼儿教师,能否把学生真正培养成祖国未来的有用之才,师德起着十分重要的作用。正如孔子所说的:"己欲立而立人,己欲达而达人。"遵纪守法是我们每个公民的神圣职责,是现代教师基本的道德准则。

2. 遵纪守法的"现实要求"——知法、守法、不违法

近年来,教育腐败现象屡见不鲜,给整个教师形象造成了极坏的影响,引起全社会的高度关注。遵纪守法,这是对幼儿教师的现实要求。作为教师,我们要反思自己的教育行为。"身教重于言教",教师自己首先就应知法、守法、不违法,为学生树立起一个遵纪守法的人民教师的榜样,这既是学生的希望,也是社会给予我们的重任以及现实的要求。

首先,教师要树立正确的人生观、价值观,这是人的行为活动的"定位器"。当一名教师虽然没有轰轰烈烈惊天动地之举,其一生是平凡的,生活是清贫的,但是教育事业是振兴民族的希望所在,所以教师要有职业自豪感,要把自己的人生价值定位在忠于人民的教育事业上,要有正确的政治观点和政治立场、敏锐的政治洞察力。在教育教学活动中,始终把坚定正确的政治方向放在第一位,这是坚持社会主义教育的方向问题。

其次,进一步提高对法律的认识,坚定法制观念。认识是情感的基础,观念是履行师德要求的内在动力。应深刻了解国家对法律的要求及其提出的这些客观依据,充分认识履行遵纪守法对教书育人、培养人才和社会主义现代化建设的深远意义。同时,积极参加各种形式的活动,参加遵纪守法事迹报告会,通过多种形式的活动提高自己的法律意识。

总之，教师在教育教学活动中必须做到知法、守法和不违法。

第一，知法。教师首先要模范地遵守宪法和法律，这是国家、社会组织和公民一切活动的基本行为准则。教育法律法规是规范教育行为的专门法律，其基本原则是人们在教育活动中必须遵循的准则。

第二，守法。在教育教学实践活动中，以法律为尺度，严格依照法律进行教师职业行为选择。因此，教师的教育教学活动一定要合法、规范、严谨，要用相关的法律法规来指导自己的教育教学实践。要求教师从教育的方法到手段都符合法律的规定。

第三，不违法。我国教育法和教师法规定，教师的行为选择如果不符合法律的要求，就要承担法律责任，受到法律制裁。教师的一言一行一定要合法、规范、严谨，要用相关的法律法规来指导自己的教育教学实践。

二、敬业奉献：教师职业道德的表现

(一)热爱幼儿教师职业

1. 充分认识幼儿教师职业

幼儿教师要做到热爱教师职业，首先就要对幼儿教师职业有一个充分的认识。我们从幼儿教师职业的特点与幼儿教师职业情感的变化两个角度具体来探讨对幼儿教师职业的认识。

(1)幼儿教师职业的特点

纯真美好。幼儿教师是一个纯真和美好的职业。幼儿教师永远都显得那么年轻和充满朝气。因为当每一个成人聆听幼儿银铃般的笑声时，都仿佛又回到了童年时光。不难发现，几乎每一位从事幼儿教师职业的人看起来总是比其他同龄人年轻得多，有活力得多，快乐得多。他们更喜欢接受新鲜事物，生活态度更积极向上。[1]

---

[1] 王媛媛.新时期幼儿园教师核心素养培养的路径研究[J].现代交际,2021(14):131-133.

第二章　新时代幼儿园教师的职业道德素养研究

教育效果的显著性。由于幼儿教育的对象是稚嫩的,孩子们每天都在成长、变化,我们几乎每天都能看见孩子们明显的进步。虽然也许这些细小的进步在常人眼中是微不足道的——今天小明没有尿裤子,明天青青学会自己穿衣服了,后天丽丽第一次主动帮助了别的小朋友……幼儿教师付出的点滴能够很好地在孩子身上反映出来,使得幼儿教师的工作每天都充满了意义。当一群孩子大班毕业的时候,回想起三年前他们脆弱、惶恐的样子,品味着三年来与孩子们一起经历的每一幅画面,再欣赏着孩子们如今迫不及待欲展翅高飞的样子,幼儿教师的心里是甜的。

幼儿教师的劳动是精神生产。与其他职业相比,教师这个职业是一种精神生产。它不可能有固定的工艺流程,也不可能有硬性的技术指标。由此,幼儿教师在对孩子进行培养教育的时候,需要根据自身特点、发挥自身特长,充分表现出属于自己风格的工作方式。幼儿园的孩子是一张白纸,幼儿教师则是彩笔——幼儿教师自身的特点很大程度上决定了孩子的发展方式。孩子模仿教师的行为,学习教师的语言,继承教师的灵魂。也正因为如此,幼儿教师是最彻底的"灵魂的工程师"。

多重角色。幼儿教育面对的是孩子,他们有着多种多样的需求,这使得幼儿教师的工作变得丰富多彩,也因此使得这个职业具有挑战性和创造性。其角色具体可分解为:生活中当妈妈,学习中当老师,游戏中当伙伴。生活中,幼儿教师要照顾孩子的饮食起居,培养孩子的生活自理能力,引导孩子养成良好的行为习惯;学习中,幼儿教师要教授孩子最基础的知识,培养孩子形成良好的学习习惯,激发孩子的学习兴趣;游戏中,幼儿教师要培养孩子的想象力、创造力,促进孩子人际交往的能力,引导孩子形成良好的道德品质。也由此,幼儿教师游走于不同的角色之间,对孩子有着整体而全面的影响。

(2)幼儿教师职业情感的变化

我们相信,几乎所有的幼儿教师在初涉这一职业的时候,是对其充满了强烈的憧憬与无限的热爱的。但是由于各种原因,幼儿教师的这种积极的情感逐渐减退甚至产生了消极的情感。从幼儿教师从业的阶段来分析,我们可以将幼儿教师对幼儿教师职业由热爱转向倦怠以工作阶段为标准划分为三类:从业初期、从业中期与从业后期。从业初期幼儿教师职业情感变化的原因可以归结为:对幼儿教师职业的了解还不够深入,在工作中常常因为缺乏经验而无法胜任工作,并因为资历尚浅较难得到上级领导及家长的肯定。由此,这一类型的幼儿教师对幼儿教师职业的热爱有所减少的原因主要是自我效能感不足,认为自己付出的努力与得到的肯定不成正比。影响从业中期的幼儿教师职业情感变化的因素主要有:该类型教师往往人到中年,面临着多重角色的扮演。在幼儿园要做好幼儿教师,在家里要当好妻子与好妈妈,在父母面前还要扮演好女儿的角色。在这些多重角色的交互影响与叠加之下,幼儿教师往往感觉负担过重,力不从心,精力无法有效集中,由此对工作产生了消极的影响。从业后期的幼儿教师具体是指快要退休的教师,该阶段的教师往往已获得较高的成就,不需要做过多的努力也能比年轻的教师更容易取得成果、获得肯定,因此,在工作中容易因缺乏动力而逐渐对工作产生懈怠,对幼儿教师职业的热爱之情无从体现。

2. 如何保持对幼儿教师职业的热爱

我们仍然依据从业初期、从业中期及从业后期三个阶段来分析幼儿教师应该如何保持对自身职业的热爱。

从业初期的幼儿教师首先应该树立适宜的职业计划,多向老教师学习工作经验,并根据自身特点制订具体而鲜明的长期目标与短期目标。长期目标主要指一年以后期望达到的目标,制订长期目标时应在充分了解自身能力与外界环境的基础上进行。长期目标不能过于容易,如果不需付出多少努力就能达到,则失去了制订长期目标的意义;长期目标也不能太难以达成,如果幼儿教师看不见达成目标的希望则会自暴自弃,放弃努力。关于短期目标的制订,切记要具体细致,并结合每日计划同时实施。具体细致是指,幼儿教师的短期目标要切实结合实际工作,如每天教学工作要完成的程度、每天与孩子相处要获得的经验、短期内希望孩子习得的品质等,甚至可以细致到对某一个孩子的成长期望。合理制订长期目标与短期目标,不仅能够使从业初期的教师明确自己的工作方向,便于开展实施,同时为教师以后回顾目标期间目标完成程度、进行工作反思、制订调整与制订下一步目标提供了依据。从业初期的幼儿教师只有明确自己的工作目标,并不断在完成的过程中强化、激励自己,才能在较为缺乏外界赞赏的情况下保持工作热情,保持对幼儿教师职业的热爱。

第二章　新时代幼儿园教师的职业道德素养研究

从业中期的教师也应确保多重角色的顺利转换。需要注意的是，教师应避免混淆或掺杂不同的角色。我们经常听到类似这样的说法："今天老师心情不好，批评我们了""妈妈今天工作累了，回家都不跟我说话"……这就是非常常见的角色混淆与掺杂的表现。因此，处于多重角色的从业中期的幼儿教师应该特别注意情绪的控制与学会站在孩子的角度看待问题。当然，幼儿教师也是普通人，也会心情不好。但是作为孩子心中最看重的榜样，往往幼儿教师一句随口说出的话，会使孩子一天都闷闷不乐，甚至对以后的成长都造成影响。幼儿教师应深刻考虑自己的行为将会对孩子带来的影响，三思而后行。在情绪的控制方面，幼儿教师可以采取以下措施。

（1）深呼吸。当感到情绪要发作的时候，深呼吸三次，使肌体放松，迅速平静下来。

（2）转移注意力。尽量回想一些令人愉快的经历，使自己从消极的情绪中脱离出来。

（3）三思而后行。仔细考虑如果没有控制好情绪将会给孩子带来什么样的坏影响，又会给自己带来什么样的麻烦。

处于从业中期的幼儿教师一旦解决了多重角色间的冲突与自我情绪的控制，就容易处于平稳的情绪状态中，有利于提高工作效率及教师自身工作满意度，促进对幼儿教师职业热爱的保持。

对于从业晚期的幼儿教师来说，在工作中积极创新，避免职业倦怠，是保持对幼儿教师职业热爱的关键。

首先，教师必须明确自己的责任——教书育人，处于从业晚期的教师往往会因为工作时间较长而逐渐对自身的责任有所松懈，严重的还可能出现"倚老卖老"的情况。无论处于哪个阶段，教书育人始终是幼儿教师的根本职责，这是教师热爱幼儿教育事业的基础。

其次，从业后期的教师更应该勇于创新，不断地改进自己的教育培养方法，一方面工作中的创新能够为幼儿教师工作注入新的血液，促进教师们涌现新的工作热情，另一方面能够为幼儿教育事业开辟新篇章打下坚实基础。

最后，可以说，老教师的一举一动影响着整个幼儿园的动态，处于从业后期的幼儿教师更要以身作则，因为她们不仅是孩子们的榜样，更是新晋幼儿教师的榜样。

明确了以上三点，那么从业晚期的教师就能顺利克服职业倦怠，更加明确自身对于幼儿教育职业的热爱,并积极影响整个幼儿教师团队的职业情感。

(二)工作认真细致

工作认真细致是幼儿教师工作的基本途径。评价一位幼儿教师是否具有敬业奉献的精神,最直观的方法就是看她在工作中是否做到了认真细致。幼儿教师的工作对象是天真稚嫩的幼儿,他们往往不具备照顾自己和保护自己的能力。教师只有在工作中尽一切可能认真细致地对待孩子,才能保证工作的顺利完成。也正是因为如此,幼儿教师肩负着更加繁重的压力与责任,也更显示出幼儿教师在孩子成长过程中起到的至关重要的作用。

1. 工作认真细致的重要性

幼儿教师是最辛苦的职业,也是最神圣的职业。辛苦在于,幼儿什么都不懂,需要幼儿教师无条件的关注与呵护;神圣在于,正因为幼儿什么都不懂,他们是一张张纯粹的白纸,幼儿教师便是引领他们从白纸变为美丽的图画的那神来之笔。因此,幼儿教师在工作中必须认真细致,其重要性不言而喻。具体来说,幼儿教师工作认真细致的重要性体现在以下几点:一是幼儿自理能力较差,需要幼儿教师适时关注他们的生理需要;二是出于安全的需要,孩子们需要幼儿教师时刻地予以关注,并防止因孩子们缺乏一定的自控力及辨别是非的能力而造成的突发事件;三是幼儿教师的一举一动会在很大程度上影响孩子的行为习惯的养成。因此,幼儿教师工作认真细致也包括对自身言行的规范。

2. 工作认真细致的方法

(1)上课

幼儿园虽然不像中小学那样以上课为主,但是上课仍然是教书育人的主要途径。幼儿教师在上课过程中要做到认真细致,需要注意的是课前备课、课中讲课、课后反思三个方面。课前备课方面,在内容、方法的选择上幼儿教师要充分考虑孩子的兴趣与接受能力。上课的内容、方法选择得恰当,才能激发孩子的学习兴趣,提高孩子的学习注意力。课中讲课方面,教师的讲课是否足够激情决定了是否能够有效吸引孩子的注意力。另外,幼儿教师在上课的过程中应该注意观察孩子们反应,当孩子们表现出疑惑或是分心的表情时,幼儿教师就应该适时调整自己的上课进程与方式。课后反思方面,幼儿教师应该详细回忆上课过程中的优点与不足,制订相应的调整计划,从而在以后的上课中取得更好的成效。

(2)活动

对于幼儿园阶段的孩子来说,活动是非常重要的。孩子们喜欢活动,因为活动能够带给孩子们乐趣。因此,活动是培养孩子素养的一种很好的媒介。每个活动都是有目的的。教师可以通过活动培养孩子集中注意力、提高人际交往的能力、形成良好的习惯及找到适合自己的放松方式等。由此,教师在活动中的正确引导是至关重要的。无论是室内活动还是室外活动,无论是正常的活动进程还是突发状况,教师都应该时刻关注孩子的动向,适时地对孩子进行引导,使孩子们在活动中不仅获得活动直接给予的快乐,更要通过活动达到成长的目的。

还有一点至关重要——活动中的安全问题,这也是在很大程度上体现幼儿教师工作认真细致的关键。孩子在活动时往往会"忘我",玩得入迷时会顾及不到自己和他人的人身安全。同时,幼儿园的孩子自控能力较弱,做事缺乏分寸,有时会在不经意间伤害到自己或别的孩子。在活动期间,教师应时刻注意孩子们的情况,预防突发事件的产生。但有些突发事件猝不及防,发生后,教师必须临危不乱,第一时间用正确的方法进行处理。因此,幼儿教师平时就应该多培养自己处理突发事件的能力,教师间经常交流,吸取其他教师的优秀经验,对于一些较常发生的突发事件做到"胸有成竹"。

只要教师做到了在活动中对孩子时刻关注、正确引导,对突发事件有效处理,教师的认真细致就能很好地体现出来。

(3)与家长的合作

幼儿教师对幼儿园孩子的培养离不开与家长的合作。如何与家长进行良好的沟通交流以促成完美的配合则是体现幼儿教师工作认真细致的另一个重要方面。当然,每一位教师自身的特点不同,与家长沟通交流的方式也不尽相同。

第三节 幼儿园教师职业道德的困境

一、"语言暴力"：缺少对幼儿的关爱

（一）成因分析

对幼儿缺少爱心，是导致幼儿教师"语言暴力"的根本原因。提起师生关系，大家自然而然会想到老师要关爱孩子，孩子才会配合老师的教学，尊重老师，归纳起来就是"尊师爱生"四个字。不错，"尊师爱生"确实能在一定程度上体现教师和学生之间民主、平等、团结、友爱的道德关系。但"尊"和"爱"应是相互的，冰心曾说过："我说的既不是'尊师'，也不是爱生，我只觉得'师'和'生'应当是相互尊重、相互亲爱的朋友。"但是，现实生活中，很多幼儿教师因为缺少对幼儿的关爱，放任自己，对幼儿恶语相加，不尊重他们，同样也得不到幼儿的尊重，更不要提得到家长和社会的肯定。

（二）应对策略

减少幼儿教师的"语言暴力"现象可以从以下三个方面入手。

第一是社会层面。遵守法律法规，关键是贯彻落实的程度，这点是需要我们继续努力的。

第二是学校层面。关心幼儿教师的压力来源，提供必要的减压支持，创造更适宜的教学环境，也是需要大家共同努力的。

第三是教师自身。及时的自我调节，高尚的师德修养，对学生无微不至的关爱，都是我们需要改进的方面。

二、追求利益：深陷在追逐物欲的泥潭

幼儿园本应是城市中最干净的地方，但是有些幼儿教师受拜金主义

的影响,不择手段地谋取不正当的个人利益,经常接受幼儿家长的宴请,甚至"启发"幼儿家长宴请或赠送礼品和红包。

(一)成因分析

深入探究这种现象的成因,是因为市场经济鼓励人们靠自己的才能,合法地谋取最大利益,但是这样也导致了幼儿教师地位的边缘化。部分教师心理失衡,其行为与教书育人这一宗旨背离也在所难免。少数幼儿教师,不思进取,不讲精神文明,不讲社会公德,只讲吃喝,讲穿戴,讲虚荣。再加上对社会主义市场经济认识不足,界限不清,不能全面理解其内涵和作用。

(二)应对策略

只有加强幼儿教师的师德修养,才能更好地引领社会文化思想潮流,有力地促进社会主义精神文明建设。首先是社会的责任。一个良好的社会风气是一切美德生存的必要环境,对于教师个人的拜金主义,整个社会都要反思和改进。其次是幼儿园的失职。对这种现象的纵容是促使幼儿教师违反教师职业道德,不能为人师表的重要推手,从幼儿园层面入手整顿也是必需的。最后,幼儿教师自身的随波逐流也是必须正视的,需提高自身的师德修养。

三、工作刻板重复:无视自我提升的必要

部分幼儿教师缺乏创新精神,工作刻板重复。少数教师面对繁重的教育工作,不安心本职,平时不努力学习科学文化知识和新的教育教学理论,不愿意改进教法;工作上总是得过且过,只顾自己完成任务,甚至随意停课、调课,课外时间上网聊天、做生意等,忽视自我提升,回避创新教学,敷衍工作。

(一)成因分析

幼儿是天使,是最珍贵的礼物,幼儿为我们带来了欢乐,也带来了忙乱。在当今社会,要做一名合格的幼儿教师需要具备什么呢?有人说是

扎实的基本功和爱。这些我们都赞同,但是,只有这些是不够的。我们身边就有一部分幼儿教师,满足于每天的早起晚睡,体贴细心地关爱幼儿,但是忽视了自身的学习和提升以及创新教学,刻板地重复前一天的教学活动,有可能这些活动就是他们还是幼儿时就在接受的教育,著名教育家陶行知说过:"要想学生好学,必须先生好学。唯有学而不厌的先生,才能教出学而不厌的学生。"①

(二)应对策略

幼儿教师学习和提升习惯的养成需要以下方面的努力。

首先,整个社会要形成一种风气,即建设学习型社会,人人都有终身学习的意识,对幼师的习惯养成有重要的作用。

其次,幼儿园也要创造条件,鼓励教师继续学习,帮助教师培养提高。

再次,教师自身的努力是根本,积极性和主动性是非常重要的。当然,意识还是要落实到行动上面,坚持和自律对习惯的养成也是必要的。

师生关系的变化、教师身份的变化以及人才培养的形势,要求幼儿教师要不断学习,与时俱进。教师只有不断学习,与时俱进,才能不断提升自己的专业素养与教育水平。教师职业道德规范将自我提升列入其中,要求教师要树立自我提升的理念,遵守教师培训制度,不断学习,与时俱进。树立自我提升的理念,就是要求幼儿教师把学习与提升作为职业的必然要求,把学习与提升作为自己终身的追求。②

从社会角度来看,教师只有做到自我提升,才能拥有源源不断的"活水"注入并滋润学生的心田;只有自我提升,才有可能示范与引导学生走向终身学习。从教师自身的角度来看,教师只有做到"学而不厌",才能"诲人不倦"。正如捷克教育家夸美纽斯所说,教师"职业本身就责成一个教师孜孜不倦地提高自己,随时补充自己的知识储备量"。教师职业的复杂性、长期性、主体性、创造性等都决定了教育者必须树立自我提升的理念。

---

① 刘晓明.幼儿教师职业道德:行为规范与自我养成[M].长春:东北师范大学出版社,2013:155.
② 李寅.不同专业发展阶段幼儿园教师专业素养现状调查研究[D].天津师范大学,2021:34.

第四节　幼儿园教师职业道德行为的培养与实践

一、幼儿园教师职业道德行为的培养

(一)形成良好的社会师德环境

幼儿教师职业道德的形成需要一个良好的外部环境,国家应大力提高幼儿教师的经济待遇和社会地位,在全社会形成尊师重教的良好风尚,为幼儿教师提供优越的生活和工作环境。同时,应建设良好的社会环境,加强外部环境整治,从源头上防止社会不良倾向侵蚀校园,从而制止幼儿教师职业道德的下滑。另外,国家应制定统一的幼儿教师职业道德规范和完善幼儿教师资格证书制度,强化对教师的约束力并且防止部分道德水平较低的人员混入幼儿教师队伍。

1. 优化师德形成的社会环境

任何道德的形成都离不开客观环境因素的作用,教师职业道德也不例外,会受到包括经济、政治、文化、社会等在内的各种环境因素的影响。良好的社会环境是孕育高尚职业道德的孵化器,反之,则是滋生不良职业道德的温床。社会环境中不良因素的影响和尊师重教风气的弱化,是教师职业道德问题产生的重要原因。

我国社会主义市场经济体制以及与之相适应的法律制度和管理制度还不完善,建立在计划经济体制基础上的道德体系已经不能完全适应新形势的需要,与社会主义市场经济体制相适应的新的道德体系又未完全确立,因而出现社会失序、道德失范等现象。

2. 认清教师职业发展的大方向

(1)出台统一的幼儿教师职业道德规范

现阶段,统一的幼儿教师职业道德规范缺失是应该引起关注的重要

问题,国家发布过中小学教师职业道德规范,各地、各幼儿园都针对本地区、本园制定过一些类似的教师规范,但是缺乏系统的、正式的文件在本行业内颁布实施。这些规范主要以道德理想为主,而关于道德规则的内容则很少,这些现象对幼儿教师职业道德的规范与提升形成了瓶颈,导致幼儿教师职业活动无所遵循和幼儿教师道德评价标准不一。因此,国家也将按照专业的标准制定统一的幼儿教师职业道德规范,突出幼儿教师的专业特性,强化对教师从业行为的实际约束力。①

(2)完善幼儿教师资格证书制度

我国现有的幼儿教师证书制度在一定程度上对幼儿教师的职业准入和解职做出了相应的控制,但是控制不严。幼儿教师资格的认定比较注重学历文凭,对申请人从业必备的专业知识、技能、道德水平等综合素质缺乏由行业专家进行的具体而严格的考核与认定;幼儿教师比其他专业从业人员更容易取得从业证书,入职标准偏低;教师资格证书"一朝拥有,享用终身"。这些特点导致部分道德水平较低的人员混入教师队伍中来,降低了整个队伍的职业道德水平。

(3)加强社会环境整治,净化幼儿教师职业心灵

改革开放以来,我国社会由封闭走向开放,由社会主义计划经济走向社会主义市场经济,由单一化社会走向多元化社会,利己主义、享乐主义和拜金主义等不良思想抬头,少数幼儿教师的奉献意识开始淡化,幼儿教师的道德形象在一定程度上受到影响。因此,全社会道德环境的整治,可以从源头上防止社会不良倾向侵蚀幼儿园,制止幼儿教师职业道德下滑;可以平衡幼儿教师职业心理,净化幼儿教师职业心灵,从外部环境的改善来促进幼儿师德建设。

(4)制定相关法律法规,加大对幼儿教师职业道德培训的投入

虽然我国有一些法规(如《中小学教师继续教育规定》)对教师的培训有明确的要求,如规定"新任教师培训时间应不少于120学时,教师岗位培训每五年累计不少于240学时,对骨干教师应进行更高标准的培训",但是到目前为止,国家没有专门的法律法规是为从事幼儿教育的教师制定的。即使在现有的许多与幼儿教师相关的法律法规中,也缺乏对幼儿教师培训的制度化规定,幼儿教师的培训得不到切实的保障,职业道德培训更是如此。

---

① 刘星,申利丽.幼儿园教师职业道德[M].成都:西南交通大学出版社,2017:158.

第二章 新时代幼儿园教师的职业道德素养研究

另外,民办幼儿园的教师因缺乏国家财政支持以及民办幼儿园为了节约投资成本很少安排培训经费用于教师的培训。因此,国家应制定相关法律法规保护幼儿教师培训,并加大对幼儿教师职业道德培训的投入,使更多的幼儿教师享受到接受职业道德培训的机会。

(二)建立有效的学校师德氛围

教师职业道德建设既是学校精神文明的有机组成部分,又关系到校风、教风、学风是否好转,关系到教育质量的提高,因此,幼儿园领导应高度重视,可以从以下几个方面培养教师职业道德:加强职业道德培训,提高培训的实效性;营造重视"师德师风"的良好校园环境;建立职业道德评价、监督、激励制度。

1. 教师职业道德的规律

职业道德建设是一项长期而艰巨的任务,我们必须采取自律和他律相结合的方法。一方面,必须通过自律的方式来要求幼儿教师提高职业道德意识和职业道德修养;另一方面,社会客观地要求幼儿教师遵守教师的职业道德规范,这就是他律。学校在职业道德的他律中起着至关重要的作用,因为学校肩负着建立合理的监督评价制度和激励制度的重任。

幼儿教师群体总体上具有较高的社会责任感和较强的事业心,因此,幼儿教师职业道德水平的提高,主要在于引导和激励。建立激励机制是职业道德建设的动力,制定一套切合实际、操作性强的激励机制,真正体现"奖优罚劣"。教师的需要无非有两种:一是物质,二是精神。所以建立健全的职业道德的物质激励和精神激励机制非常必要,同时也要尽量避免激励不当造成的不公平感而导致职业道德激励机制的失效。[①]

2. 利用学校制度保障师德的提升

(1)加强职业道德培训,提高职业道德培训的实效性

教师职业道德培训是教师职业道德培养的基础,幼儿园应该加强对幼儿教师的职业道德培训。但大多数幼儿教师接受培训的积极性不高,

---

① 冯敏玲,欧汉坚.幼儿园教师健康素养相关知识技能干预效果评价[J].医学食疗与健康,2021,19(10):181-182.

这与幼儿教师对职业道德修养的重要性和必要性的认识不足有关。因此，在教师职业道德培训中应加强对幼儿教师进行职业道德重要性和必要性的相关教育。在对幼儿教师进行教育时可采用校内典型宣传的形式，树立榜样，宣传榜样，学习榜样。

如今，绝大部分幼儿园能够按照上级教育行政部门的指示开展教师职业道德培训，但培训形式往往都浮于表面，过于追求形式，并没有深入幼儿教师的实践，进入教师的情感；培训内容往往强调教师的职业道德认知及知识的学习；制订的目标"高""大""空"，并且缺少对幼儿教师在具体教学实践中师德规范的细致描述。

因此，学校在幼儿教师职业道德培训过程中，首先，应把幼儿教师看作一个完整的职业道德认识主体，转变过去单纯将幼儿职业道德培训视为知识学习的职业道德教育观念，将幼儿教师的知、情、意等多种认知因素真正纳入培训过程之中。其次，职业道德培训要关注幼儿教师日常教学生活中遇到的职业道德矛盾与冲突，从幼儿教师的教育实践中发现师德培训的素材。这种将教师在教学实践中所遇到的具体职业道德问题融入培训内容和过程之中的方法，才会吸引人、打动人，才能使教师真正地接纳并内化为他们的品德。再次，幼儿教师职业道德培训要有多种形式，比如小组讨论、擂台辩论、角色互换、师德巡回报告、师德影片展播，以及充分利用网络传播等媒介丰富教师的情感体验，为教师提供内化信念、强化行为的机会。最后，在培训过程中，培训者要尊重每一个教师的经验、看法和感受，以平等的姿态和教师进行关于职业道德的民主讨论与对话，并且开展教师之间的交流对话，以利于教师之间的情感沟通与思想碰撞。

(2)建立职业道德评价制度

幼儿教师职业道德评价是提高教师职业道德水平的必备条件，职业道德评价对职业道德的形成具有导向和激励作用，合理的职业道德评价制度有利于加强幼儿教师职业道德建设，有利于促进教师业务水平的提高。

现在大多数省市教育局都制定了中小学和幼儿教师职业道德考核办法，许多幼儿园也结合单位实际制定了幼儿教师职业道德考核实施细则。这些考核细则大多都涵盖了指导思想和基本要求、考核对象、考核内容、考核原则、考核评价等级、考核的组织实施和基本程序、考核结果的应用等内容，能够在一定程度上发挥激励幼儿教师提高职业道德水平

第二章　新时代幼儿园教师的职业道德素养研究

的作用。但是，目前幼儿教师的职业道德考评机制没有一个统一的标准，依旧存在主观判断多而量化少、缺乏真实性等问题。

在此总结出几条适用于建立幼儿教师职业道德评价制度的原则：

幼儿教师职业道德评价的基本标准是善恶标准。教育领域与其他的社会领域一样，是一个有善有恶的领域，善恶矛盾在教育领域中是客观存在的。凡是违背这一善的本质的教育思想和行为，就不能体现教育的善，反而体现了恶。因此，幼儿教师职业道德评价是在教育领域内的善恶评价，教育中的善与恶必然成为幼儿教师职业道德评价对象。至善是幼儿教师职业道德评价的根本标准。

幼儿教师职业道德评价的具体标准是幼儿(中小学)教师职业道德规范，也是幼儿教师职业道德考核的内容。凡是符合幼儿(中小学)教师职业道德规范的行为和品质就是善的，获得肯定的评价；反之是恶的，得到否定的评价。

评价内容要多元。幼儿教师职业道德评价既要重视教师业务水平的提高，也要重视教师的职业道德修养，要把知识传递和育人放在同等位置。

评价标准多元化。为了帮助不同层次的幼儿教师都获得发展，学校应特别关注幼儿教师的背景和基础，关注幼儿教师个体差异，根据幼儿教师的专业特长与需要，对处于不同发展阶段的幼儿教师提出不同的要求，关注幼儿教师的日常行为表现和点滴进步，注重发展过程，通过评价促进幼儿教师的成长。

评价体系开放化。对幼儿教师应实行定性、定量评价相结合，自评、教师评、家长评、学校评多种形式相结合，实现评价过程的动态化，评价主体的互动化，减轻评价给幼儿教师带来的不安全感，调动幼儿教师教学和师德修养的积极性与主动性。

教师职业道德考核结果作为教师绩效考核评价指标中"职业道德"部分的评价结果，按不低于教师绩效考核30%的权重计入教师绩效考核结果。教师职业道德考核结果作为教师资格认定、职称评审、岗位聘任、绩效工资发放、表彰奖励等的重要依据。

(3)建立职业道德监督机制

建立幼儿园职业道德监督机制，可以加强对幼儿教师职业道德建设的教育、预防、补救和改进。完善幼儿教师职业道德监督机制是提高幼儿教师职业道德水平的重要保证。当前幼儿园职业道德监督机制基本上没起什么作用,因为几乎没有专门的监督部门,没有正式的条文,没有责任分工,并且对反馈的信息不能及时地传递和沟通。

因此,幼儿园应该将职业道德监督制度化,设立专门的监督部门。而对幼儿教师职业道德进行监督的方法多种多样,应采用学校监督、社会舆论监督和教师自律监督相结合的方式。

(4)建立职业道德激励制度

建立激励制度是提高幼儿教师职业道德水平的有效手段。这是因为把职业道德建设的目标逐步内化为个人内在的需要和实际行动时,除了强化内因作用外,还必须创造一定的外部条件,通过各种激励措施,鼓励和调动教师为人师表、教书育人的主动性与积极性。许多幼儿园普遍存在的一个问题就是激励不够或者激励不到位,没有相应的激励制度和相关措施。

(5)加强教师法制教育

极少数教师在工作中侵犯学生人权,屡屡冲破教师职业道德的"底线",跨入违法犯罪的泥潭。当他们受到法律的制裁时才认识到问题的严重性,才觉察到自己对学生造成的严重伤害,然而一切为时已晚。因此,学校应当增强对教师的法制教育,在教师职业道德建设中让他们知法懂法,不触犯法律底线,从而杜绝一切恶性侵害学生权益的事件发生。

二、幼儿园教师职业道德行为的实践

(一)保教活动中的职业道德实践

幼儿园师德建设是一项长期工程,我们将立足实际,加强对幼儿园及幼儿教师的指导与管理,切实搞好幼儿教师职业道德建设,规范保教行为,为幼儿健康成长创造良好的环境。

1. 在了解幼儿的基础上提供适宜的保育和教育活动

"了解幼儿",不是简单的"了解",而是包含非常深刻的内涵。首先,"了解"幼儿意味着了解幼儿的身心发展脉络、轨迹、规律、阶段和特点等。例如,教育部颁布的《3—6岁儿童学习与发展指南》中所提到的 3—4 岁

第二章　新时代幼儿园教师的职业道德素养研究

末、4—5岁末、5—6岁末的幼儿应该能够知道什么、能够做到什么、可以达到什么发展水平等，便是幼儿园教师需要了解的具体内容。

其次，"了解幼儿"意味着幼儿园教师要了解幼儿作为一个群体所共有的学习方式、心理特征、心理需求等。例如，幼儿生来就有主动学习的能力，他们是通过与周围环境的相互作用，借助"摆弄""把玩""操作""探究"等方式进行学习的；幼儿具有强烈的求知欲和好奇心，而这种求知欲和好奇心则驱使着幼儿"不知疲倦"地与周围的环境进行互动；游戏是幼儿的本能和天性，幼儿的生活从本质上来说，就是一种游戏着的生活，一种童话的、想象的、诗意的生活，借助于游戏，幼儿获得经验，同样还是借助于游戏，幼儿复演着自己的已有经历，内化着自己的已有经历，因此游戏还是幼儿重要的学习方式，等等。

最后，"了解"幼儿还意味着了解不同幼儿之间的个体差异性。幼儿群体在发展过程中普遍经历大致相同的阶段和程序，沿着大致相同的轨迹和路线，但就每一个"活生生"的幼儿个体而言，他们在实际的发展过程中，个体与个体之间在达到同一阶段的时间节点上，在具体的发展路径、发展模式等方面仍会存在不小的差异。这就决定了不同的幼儿个体发展的速率是不同的，发展的方式也是不同的，发展的状态也是不同的。

从另外一个角度来说，"了解"幼儿不能仅仅停留在"纸上谈兵"的层面，再多的教材、书籍、资料都只是"引路人"。作为幼儿园教师，一定要借助交往、倾听、观察等方式去"了解"幼儿，使自己关于幼儿的知识和经验鲜活、丰满起来，这样才可谓是实实在在的、真真正正的"了解"幼儿。

中国人历来强调"知行合一"，所以，光是"了解"幼儿是远远不够的，"了解"幼儿只是前提和基础，关键还要将对于幼儿的认识、了解和把握与我们针对幼儿开展的保育和教育结合起来，使我们日常开展的保教工作以幼儿的身心特点为理由和依据，而不是成为"拍脑袋""想当然"，从自身经历出发，从成人意志出发的所谓的"教育行为"。只有这样，我们所开展的保教工作才可能是科学的、合理的、适宜的，是有针对性的，才有可能真正有益于每一名幼儿的发展，而不是成为与幼儿身心规律和特点相违背的、对其成长和发展造成"加速""拖延"或"扭曲"的"教育"。由此看来，"了解"幼儿，并据此对幼儿进行相应的保育和教育，实际上既是对幼儿园教师提出的专业知识、技能方面的要求，同时也是幼儿园教师重要的职业道德。

但是在实际的幼儿教育实践中，很多幼儿园教师并不是这样做的。

在生活活动中,幼儿将汤、水等洒在衣服上,将小便弄在裤子上、床铺上的时候,教师便对幼儿进行批评或大声地呵斥;在集体教学活动中,教师采用"满堂灌"的教学方式,不允许幼儿动,不允许幼儿相互交流……这些"司空见惯"的现象,正是幼儿园教师不"了解"幼儿,而导致的没有为幼儿提供科学适宜的保育和教育。

案例 2-1:

内向胆怯的赛赛

  孩子们有着共同的天性和不同的个性,他们天真稚气的脸上传递着不同的内心世界。赛赛是小班的一个孩子,游戏时,别的孩子都玩得兴高采烈,只有他总是静静地坐在远离同伴的角落里,低着头不愿与他人有视线的接触。当老师试着和他交流时,他会紧张地把头埋得更低,双手使劲地抠桌子,一副不知所措的样子。集体活动的时候,他也有意识地与大家保持一定的距离。通过家访,老师了解到,赛赛的爸爸平时在外地工作,很少回家,而妈妈的工作也很忙,常常要加班。赛赛一直由奶奶带着,可是奶奶常常忙于家务,与孩子的交流非常少。长此以往,赛赛慢慢就变得沉默寡言。针对赛赛的情况,我们对孩子进行了跟踪观察。

  观察记录一(10月12日)

  早上来园赛赛小心地拉着妈妈的手。我说:赛赛你早啊!妈妈教他说"老师早",可是他却将半个身子躲在妈妈的身后,不开口说话。在妈妈强烈的要求下,他才蠕动双唇,用微弱的声音叫了声"老师"。赛赛紧紧地拉着妈妈的衣服,满眼含泪不停地说"妈妈,你要第一个来接我"。在老师的劝说下,他松开了妈妈的手。在游戏时,赛赛一个人静静地坐在椅子上,几个孩子喊他一起玩游戏,他都拒绝了。于是我走过去,轻声问他:"赛赛,你喜欢玩什么?"他说:"我要看书。""老师和你一起去看书,好吗?"赛赛点点头。开始是我讲他听,慢慢地,他也小声地跟着我读,我高兴地说"赛赛,你真棒哦!会自己看书讲故事啦!"赛赛羞涩地笑了。

  通过一段时间的观察,我发现赛赛确实是个内向孤僻的孩子。老师要帮助孩子产生积极的心理因素,使性格孤僻的幼儿迈出融入社会的第一步。孩子入园、离园,是与幼儿以礼相待、相互打招呼的良好时机。我主动抓住这两个环节,有意识地引导他融入社交活动中。起初他没反应,几次后他也就自然回应了,偶尔也会对我说"老师好"或者"老师,再

第二章　新时代幼儿园教师的职业道德素养研究

见"。慢慢地,一个月过去了,赛赛现在来园和放学时都和老师打招呼,虽然他的声音还是很轻,但这些微小的变化使他的家长感到兴奋,同时也增强了我继续实施教育的信心。

观察记录二(11月28日)

今天早上,赛赛走进教室时脸上洋溢着笑容,他主动向我问好。在玩区角游戏时,赛赛在"娃娃家"里当"爸爸",忙着给"娃娃"喂饭,带"娃娃"去"姐姐家"做客,还去"商店"给"娃娃"买了"巧克力"。他一共参与了三个区角游戏,能和"姐姐""营业员"交谈,游戏结束时能和同伴们一起收拾玩具。在游戏中,我以"妈妈"的身份不断地给予他帮助,鼓励他大胆和同伴交往,他已投入游戏情境中。

观察记录三(12月13号)

今天的语言活动中,我带孩子们观察许多图片,请孩子们说说看到了什么,并且指导孩子创编简单的儿歌。我鼓励赛赛大胆举手发言,他讲了自己编的两句儿歌。我帮他把儿歌记下来,夸奖他真聪明。自由游戏时,赛赛跟着丁丁来到建构区玩,他先看丁丁搭房子。过了一会儿,赛赛翻出几块小积木,帮助丁丁一起增高房子,还和大家一起为房子围起了栏杆。音乐响起,游戏结束了,丁丁忙着收拾积木,赛赛拿着篮子配合丁丁一起整理。

经过一段时间的相处,我欣喜地看到了赛赛的进步。他能愉快地来幼儿园,并主动向老师问好。在游戏中的参与度也在逐渐提高,同时还能与同伴进行适当的交流。在老师的鼓励下,赛赛在集体教学中的注意力和表现力都有了明显的提高。

感悟: 幼儿园的孩子们来自不同的家庭,生活经验和环境各不相同,因此孩子们在性格特点、发展水平等方面都存在明显的个体差异。当孩子们从家庭进入丰富多彩的幼儿园生活时,很多时候是不适应的。就如案例中的赛赛一样,在幼儿群体中是具有一定的代表性的。因此,对于幼儿园教师来说,要能够善于用自己的专业知识,通过一定的观察记录,分析孩子的性格、行为,了解这个年龄段幼儿的特征、行为习惯和发展水平等,从而发现他与其他幼儿的差异,其后对此现象进行研究,查找相关的理论资料,有的放矢地采取相应的措施,帮助孩子进步和成长。案例中的幼儿园老师便是这样一位善于"了解"幼儿的老师。

2. 以身作则

幼儿园教师必须要以身作则，为人师表。在给幼儿提出要求的同时，也要将这种要求体现在自己的行动中，用行动的力量去影响幼儿，因为行动本身就是无声的要求、无声的语言。正如美国心理学家爱德华·霍尔指出："无声语言所显示的意义要比有声语言妙得多，而且深刻得多。"无声语言是人类最原始、最本能，也是最普遍的心灵与情感的传播方式，最能表达人们内心深处的思想意愿。所以，幼儿园教师要通过身教让幼儿获得相应的体验，同时也不断地要求自己严于律己。

（二）同事关系中的职业道德实践

案例 2-2：

幼儿教师随笔：我和同事们

工作中，经常有老师为同事之间鸡毛蒜皮的小事向别人倾诉，以求得内心的平衡。其实，这并不是解决问题的最好办法。经人传播容易走形，伤害双方的感情，不但于事无补，还在无形中为日后双方的和平相处设置了心理上的障碍。如果工作中注意做个有心人，做同班老师的第三只眼睛、第三只耳朵，遇事也能把握住自己的情绪，变通处理，相信班组之间的关系会无比融洽。

1. 什么是同事关系

幼儿园教师除了要面对日常繁重的工作，还要正确处理好与幼儿、家长以及同事之间的关系。其中，同事关系尤为重要。同事关系，就是指幼儿园中教师与教师、教师与领导、教师与其他教职工交往合作的关系，它是教师集体职业道德的重要组成部分。

在幼儿园中，幼儿园教师的同事关系是仅次于师幼关系的一种社会关系。教师的劳动既是个体劳动，也是集体劳动。因此，协调好教师之间的同事关系，建立起一个志同道合、充满活力的教师集体，也是开展幼儿教育工作的基础。

第二章　新时代幼儿园教师的职业道德素养研究

2. 同事关系中的幼儿园教师职业道德实践

(1)尊重他人,以诚待人

"如果你希望别人如何对待你,你首先要如何对待他人。"这是一条最为基本的原则,尊重他人就是尊重你自己。与新同事相处,一定要记住对方的姓名,和对方打招呼时,要称呼名字,而不能简单地用一个"喂"字。只有如此,对方才会感受到你对他的重视,无形中便建立了对你的好感。与同事讲话时,要掌握分寸,不能过分随意。要以诚相见,以礼相待。上班相遇,抢先主动打招呼。下班分手,要主动道别,说声"再见"。得到同事的帮助,及时表达自己的谢意。[①]

(2)团结合作,共同完成保教任务

幼儿园教师是幼儿园一线工作的主力军,有着共同的教育目标、教育理想和教育信念,共同承担着幼儿园的保教任务。但是幼儿园教师之间又存在着年龄、性格、兴趣、能力、文化、经验等方面的差异,协调教师之间的关系,对开展保教工作是非常必要的,也是非常重要的。

幼儿园管理人员要了解每个教师的基本情况,对教师进行合理分班,如年轻教师与年长的教师搭配,经验丰富的教师和经验少的教师搭配,教师能力方面以互补搭配为宜。

在幼儿园班级里,由于幼儿年龄小,生活上需要老师照顾,又由于幼儿自我保护能力差,安全事故随时都有可能发生,所以,同班教师之间要有合作精神,要互相关心、互相帮助,为幼儿营造和谐的精神氛围。

幼儿园要加强教师队伍建设,增强凝聚力,促进教师成长。形成争先创优的工作作风,发扬集体主义精神,建设美好的精神家园。幼儿园教师之间会互相影响,好的风气会助长,不好的风气也会蔓延,所以园所要倡导好的师德师风,对不良风气要严加管理,使教师积极工作、认真工作,很好地完成工作任务。

---

① 刘星,申利丽.幼儿园教师职业道德[M].成都:西南交通大学出版社,2017:160.

第三章 新时代幼儿园教师的口语素养研究

学前教育是基础教育的基石。基础教育要实现由应试教育向素质教育的转变，必须从学前教育抓起，从提高幼儿教师的全面素质抓起。幼儿教师的素质包括思想品德修养和教育教学能力，口语能力是幼儿教师最重要的教学技能之一，语言训练是幼儿教育教学的重要内容。教师良好的口语表达对正处于智力开发和知识启蒙阶段的幼儿来讲影响巨大。同时，教学活动的各个环节都必须借助语言才能顺利进行。本章主要研究新时代幼儿园教师的口语素养。

第一节 幼儿园教师职业口语概述

一、幼儿教师职业口语的要求

幼儿教师职业口语是教师在组织教育教学活动时向幼儿传授知识，培养幼儿各方面能力最重要的方法，它必须符合幼儿身心发展和教育教学规律。教师职业口语不仅是教育教学活动中最基本、最常用的手段，也是教师与幼儿沟通、交流最直接的、有效的方法。

案例 3-1：
这是一家普通的幼儿园。
刚刚入园的幼儿被老师带进图书馆，很随便地坐在地毯上，接受他

第三章　新时代幼儿园教师的口语素养研究

们人生的第一课。

"孩子们,我来给你们讲个故事。"于是,老师从书架上抽下一本书,讲了一个很浅显的童话。

"孩子们,"老师讲完故事后说,"这个故事就写在这本书中,这本书是一个作家写的。你们长大了,也一样能写这样的书。"

老师停顿了一下,接着问:"哪一位小朋友也能来给大家讲一个故事?"

一位小朋友立即站起来:"我有一个爸爸,还有一个妈妈,还有我……"幼稚的童声在空中回荡。

随后,老师却用一张非常好的纸,很认真、很工整地把这个语无伦次的故事记录下来。

"下面,"老师说,"哪位小朋友来给这个故事配个插图呢?"

又一位小朋友站了起来,画一个"爸爸",画一个"妈妈",再画一个"我"。当然画得很不像,但老师同样认真地把它接过来,附在那一页故事的后面,然后取出一张精美的封皮纸,把它们装订在一起。封面上写上作者的姓名和插图者的姓名,出版的年、月、日。

老师把这本"书"高高地举起来:"孩子们,瞧,这是你们写的第一本书。孩子们,写书并不难,你们还小,所以只能写这本小书。但是,等你们长大了,就能写大书,成为伟大的人物。"

从以上案例,我们可以看出,幼儿教师职业口语要符合以下要求。

(一)幼儿教师职业口语必须符合教育、教学的基本要求

幼儿教师的职业口语是教师在教育教学过程中用来完成指定的教育教学任务的主要工具,因此幼儿教师职业口语要符合学前教育教学的一般规律。

(二)幼儿教师职业口语必须符合幼儿身心发展特点

在教师实施教育教学过程中,要求根据幼儿的身心发展特点,学会用恰当的话语与他们沟通,这样便于孩子理解、掌握知识,提升教育教学的整体水平。

二、幼儿教师职业口语的三大要素

幼儿教师职业口语是幼儿教师在指定的环境中面对指定的对象,为了达到制订的教育教学目标而开展的一系列的富有艺术特色的语言行为。幼儿教师口语交际的特殊对象、特殊环境与特殊目的,形成了幼儿教师职业口语的三个基本要素。

(一)对象的特殊性

幼儿园的教师每天主要面对的对象是 3—6 岁的学龄前儿童,这个时期的幼儿的生理、心理发展都处在关键期。幼儿在园需要的是生活中能教会他们生活能力的好老师,在游戏中成为他们玩伴的好朋友,这就对幼儿教师职业语言提出了很高的要求。幼儿教师的职业口语必须根据孩子的年龄以及幼儿个性心理特征的发展情况,对其更为耐心细致地因材施教。[1]

案例 3-2:
蓉蓉是个十分聪明的孩子,成绩很好,尤其是音乐,几乎都是一听就会,在幼儿园音乐也一直很好,还曾经获得少儿十佳小歌手提名。当然,蓉蓉也有不理想的地方,就是无论她多么努力,画画总是画不好。

蓉蓉的老师总拿蓉蓉的画与她班里画得最好的那个同学作比较,经常批评蓉蓉没有想象力,涂颜色杂乱无章,等等。蓉蓉本来还想多多画画,弥补自己的不足,提高绘画的水平,但听到老师多次批评自己之后,蓉蓉也开始承认自己没有绘画能力了,并对绘画开始厌恶。

点评: 教师一味地比较幼儿的不足,只会打击幼儿的自信心,使其产生逆反心理。此时只有多加鼓励,给予肯定与支持才能让幼儿重拾信心。

(二)环境的特殊性

幼儿园是幼儿学习和活动的主要场所,也是幼儿教师运用幼儿教师

---

[1] 胡陵,何芙蓉. 普通话与幼儿教师口语[M]. 成都:西南交通大学出版社,2013:211.

职业口语的特殊环境。一方面,幼儿教师要在一定的时间内完成既定的教育教学内容;另一方面,幼儿教师还必须结合当时的场景、场合等灵活地教学。在这一特殊的环境中,幼儿教师的职业口语受到一定局限,使用的语言也应随着环境的改变而改变。

(三)目的的特殊性

苏联教育家苏霍姆林斯基说:"如果你想使知识不变成僵死的、静止的学问,就要把语言变成一个最主要的创造工具。"幼儿教育是培养德、智、体、美、劳全面发展的社会接班人的事业,幼儿教师职业口语的目的要与这一特定的培养目标紧紧联系。无论对全体幼儿讲话还是对个别幼儿谈话,无论是上课还是下课交流,教师都要有效利用职业口语达到熏陶、教育、培养的目的。[①]

三、幼儿教师职业口语的运用原则

幼儿教师职业口语不同于其他口语,它要求语音标准、语法规范,深入浅出、生动形象,循循善诱、因材施教以及富有童趣。只有学会运用恰当的方法传情达意,学会根据不同的情况选择不同的表达方式,才能在工作中正确地运用职业口语。

(一)语音标准、语法规范

幼儿教师的工作性质决定了幼儿教师的职业口语必须规范化。如果说教师的行为是无声的语言、有形的榜样,那么教师的语言就是有声的行动、无形的楷模。幼儿喜欢模仿老师的语言和行为,教师的口语必须语音标准、语法规范,不能随心所欲,而要做到言传身教,把好的口语习惯带给幼儿。

案例 3-3:

科学课上老师出示鸭和鹅的图片,并用不标准的普通话问幼儿:"是鸭的屁股大还是鹅的屁股大。"结果把"鹅"读成了"喔",幼儿集体回答:

---

① 李莹.延吉市民办幼儿园教师安全素养现状研究[D].延边大学,2020:29.

"老师的屁股大。"

点评：教师的职业口语必须规范，如果使用不规范的语言，只会使幼儿产生误会，学到不良的语言习惯。

(二)深入浅出、形象生动

教师的职业口语在表达上应深入浅出，情感充沛、真挚，使幼儿感觉身临其境，如见其人，如闻其声；使深奥的道理浅显化，抽象的道理具体化。教师还要注重运用修辞来增加语言的表现力，适当的比喻、拟人能引导幼儿的联想与想象。例如，把蓝色想象为天空，把绿色想象为小草。还可以用适当的设问、反问造成悬念，启发幼儿挖掘问题后面的答案。例如，"哗啦啦什么声音？""你觉得呢？"有时教师一两句幽默的插入也会使学生受到强烈的感染，留下鲜明、深刻的影响。

案例3-4：

幼儿园对植物进行裁剪，宝宝问："老师，树枝被剪掉了，会疼吗？大树妈妈会死吗？"老师没有急于回答，而是让宝宝伸出小手帮他剪指甲。剪完指甲后让宝宝看剪下来的指甲，对他说："你看，老师刚才给你剪掉了长长的指甲，你觉得疼不疼？"宝宝说："不疼！"老师又说："其实，裁剪树枝就像剪指甲一样，树妈妈一点都不疼，指甲太长了要剪掉，树枝长了也要剪掉，所以树妈妈不会死的，而且有些看上去强壮的枝干，其实只会吸收营养，这样不利于大树的生长，所以要剪去，这样可以让树妈妈第二年的枝叶更加茂密。"

点评：这位老师在解决问题的时候用了贴近孩子生活的案例，使问题变得形象生动，浅显易懂。

(三)循循善诱,因材施教

教师在教学过程中，要根据幼儿的心理特征和认知规律，有针对性地发出语言信息并根据反馈不断调整，使幼儿以最佳效果接受信息。既注重共性，又关注个性，因材施教。对学习主动的幼儿应多激发，引导其确立新的学习目标；对学习不主动的幼儿，应该仔细揣摩其心态，多表扬，少批评，防止逆反心理的产生，并帮助幼儿分析薄弱环节，为其树立自信心。

第三章　新时代幼儿园教师的口语素养研究

第二节　幼儿园教师的口语表达训练研究

口语表达作为幼儿教师必备的基本功之一,旨在提高幼儿教师的人文素养和口语交际能力,力求让幼儿教师通过口语表达训练,能比较全面、系统地掌握幼儿教师口语的基本理论,了解我国幼教政策法规,认识幼儿园教育教学的特点,切实提高口语交际能力和教育教学口语表达能力,在具有高尚的职业道德和良好的职业素质的同时,掌握系统、实用的知识和熟练的职业技能,具备可持续发展的职业能力。理论与实践相结合,用理论指导实践,借鉴具有典型性、代表性、普遍性的幼儿园教育教学过程案例,突显幼儿园教育教学等工作中语言运用的实践性、可操作性。以个人知识、直接经验和现实世界作为出发点及源泉,把获得的抽象理论知识在现实生活或者模拟职业情境中具体化,引导幼儿教师通过演绎的思维方式,运用理论知识去分析幼儿园教育教学现象,解决实际问题。

一、朗读训练

朗读是进行语言教学、学习普通话语音的重要环节。经常朗读语言优美的文章,可以丰富词汇,熟悉句型,有助于提高口头语言和书面语言的表达能力。用普通话朗读,可以逐步纠正方言,熟练运用语言技巧,学好普通话。朗读学的理论体系揭示了朗读的基本规律。"理论是基础,目的是统帅,感受是关键;感情要运动,声音要变化,状态要自如。"我们在朗读文字作品时,必须遵循朗读的基本规律。朗读者把文字转化为有声语言的过程,其实就是自我感动和感动他人的过程。[1]

(一)朗读准备训练

朗读不仅要让听众领会朗读的内容,而且要使其在感情上受到感

---

[1] 卢云峰等.幼儿教师的沟通与表达[M].北京:北京理工大学出版社,2017:121.

染。朗读中如果离开了准确透彻地把握内容这个前提和基础,那么艺术技巧就成了无源之水,无本之木,就无法做到传情,无法让听众动情。因此,要朗读好一篇作品,必须在朗读之前做好一系列的准备工作。

1. 掌握朗读内容

理解和掌握作品内容应该是朗读的第一步,其次才是寻求适当的表达方法的问题。只有先透彻地理解了作品的内容,才谈得上正确而完善的表达。如何正确理解作品呢?首先要透过字里行间理解作品的内在含义,明确文章的立意所在。立意是一篇文章的灵魂所在,只有抓住立意,才算抓住了朗读时的主要矛盾,只有了解了作者的立意之后,才能够设计安排朗读技巧,也才能朗读得准确。①

当然,在朗读时还要坚持用普通话标准音读准每一个音节,这是任何朗读都必须达到的起码要求。不仅要搞清楚文中生字、生词、成语典故、语句等的含义,还要解决字词的声、韵、调、语音流变等读音问题。朗读之前要规范读音,扫清文字障碍。首先要发准字音,掌握语流音变等普通话语音知识。理解字词是分析作品的前提,朗读是以声音的形式将文字作品所表达的事物、阐发的事理、蕴含的情感等传递给听众的,如果字音念得不准确,信息的传递就会产生错误,使听的人莫名其妙、不知所云,甚至会产生误解。规范读音有助于提高朗读的准确性、庄重性和流畅感。

2. 确定朗读目的

朗读目的是指朗读者"为什么"要朗读这样内容、这样主题思想的作品。因此,在确定朗读目的时,不能脱离作品内容,远离作品主题另起炉灶,但也不能把作品的主题和朗读目的完全等同起来。朗读目的中既有作者的写作意图,又有朗读者的愿望;既要把作者的态度感情再现出来,又要把朗读者的态度感情表露出来。朗读时,作者和朗读者的态度感情有时是重合的。

---

① 李洋,苏建辉.幼儿园教师核心素养探究——基于国内幼儿教育政策文件的分析[J].教育观察,2020,9(12):101-103.

3. 投入朗读情感

情感是文学作品朗读的生命。离开了朗读者饱满而恰如其分的情感,朗读就必然是没有生气的。那么,如何投入朗读情感呢?这需要朗读者在正确理解作品内容的基础上,设身处地去感受、体验,自己受到感染,才能去感染听众。情感不是凭空产生的,它基于对生活的观察和体验,有赖于对作品的深入研究,对作品的体会越深刻,所产生的情感越强烈,因此在朗读时要表现出高亢、乐观、坚定的内在情感。

把握作品创作的背景、作品的主题和情感的基调,只有透彻地理解,才有深切的感受,这样才会准确地理解作品,才能正确地表现作品的思想感情。基调是指作品的基本情调,即由作品总的情感所决定的语言的基本特色。把握基调主要是指要把握作品整体感情倾向,朗读者只有从作品的人物、事件或作品的语言风格等方面去认真揣度,才能恰当地把握住作品的基调。但是,这并不意味着全篇作品用一成不变的腔调来读,因此,把握基调要处理好整体性与变化性的关系。朗读时一定要区别对待,灵活变化。

朗读基调有各种不同的类型:有庄重严肃的,有轻松活泼的,有悲愤凝重的,有喜悦明快的,有激越澎湃的,有舒缓从容的,有雄浑豪放的,有秀丽婉约的,等等。例如,诗歌《周总理,你在哪里》的感情基调是深沉、哀婉、思念;童话《卖火柴的小女孩》则是亲切爱怜、压抑愤懑。

(二)朗读技巧训练

1. 掌握朗读符号

朗读者在阅读钻研作品、反复推敲作品时,为了更好地再现作品的思想内容和更好地实现朗读目的,往往在文字中做些标记,我们把这些标记称作"朗读符号"。下面本着有益于朗读和便于操作的原则,介绍几种常用的朗读符号。

(1)/停顿号。一般停顿,可换气,也可不换气,不论有无标点处均可用。例如,我们的祖国/是一个伟大的国家。

(2)//间歇号。较长停顿,换气,不论有无标点处都可使用。用于有标点处,表示停顿时间更长些。

例如,井冈山//五百里林海里,最使人难忘的//是毛竹。

(3)⌒连接号。只用于有标点的地方,连接较紧密,表示缩短原停顿时间,或不停顿连起来读,不换气。例如:糟了⌒糟了⌒月亮掉到井里去啦!

2. 训练朗读技巧

对朗读的技巧要有作精心的安排,应该认真推敲,从而使语音清晰准确,语调抑扬顿挫,语气刚柔相济,语意褒贬分明,使朗读避免主观随意性。朗读者在深刻透彻地把握作品内容的基础上,还需要运用表达技巧将作品的思想内容和情感表达出来。朗读技巧主要包括停连、速度、语调几方面。

(1)停连

停连是指朗读语流中声音的停顿和连接。例如:

第一,森林维护地球生态环境的/这种"能吞能吐"的特殊功能/是其他任何物体/都不能取代的。

第二,好像我背上的/同她背上的加起来,就是/整个世界。

连接只用于有标点符号的地方,表示缩短停顿时间,连起来读。如《祝福》中:

啊呀,我的太太!您真是大户人家的太太的话。我们山里人,小户人家,这算得什么?她有小叔子,也得娶老婆,她不嫁了,哪有这一注钱来做聘礼?

停连是指朗读语流中声音的中断和延续。朗读不是一字一顿地读,也不是毫无间歇地一口气连续读下去,而是连中有停,停中有连,停连结合的。朗读中的停或连,都不是任意的,而是思想感情发展变化的体现。如:妈妈听到声音,十分高兴,赶忙走了出来。她看到/儿子有些奇怪,就对他说:"这是你刘阿姨。"有了停顿,语意就更清晰了。

文字语言的标点符号并不等于有声语言的"标点符号",因为一个是供人看的,一个是供人听的。朗读时要根据作品的内容和表情达意的需要,打破标点符号的限制。努力做到连到好处,停在妙处,以增强有声语言的表现力。

停连是朗读者调节气息的需要和结果,是准确传情达意的方法。恰当的停连,可以清楚地显示语句脉络,强调、突出表达重点,还可以控制语速,增强语句的节奏感,造成抑扬顿挫的旋律美。同时,给听众留出思

考、理解和接受的时间,以更好地理解语意。例如:

母亲|要走大路⌒大路平顺;我的儿子|要走小路⌒小路有意思。

桃树⌒杏树⌒梨树,你不让我⌒我不让你,|都开满了花赶趟儿。

停连一般可分为语法停连、强调停连、生理停连。

①语法停连

语法停连指的是显示句子的各种语法关系的停连。往往发生在主语和谓语,谓语和宾语,定语、状语和中心语之间。在这些成分的中间略作停顿,可以更加清楚地表明整个句子的结构层次、结构关系,从而更好地传达整个句子的含义。

一般来讲,段落与层次之间,句子与句子之间都要停顿,而且时间略长些;句子成分之间也要停顿,停顿时间略短些。标点符号是朗读作品时语言停连的重要依据。例如:

山/朗润起来了,水/涨起来了,太阳的脸/红起来了。(朱自清《春》)

我知道/太阳要从那天际升起来了。(巴金《海上的日出》)

我常常遗憾我家门前/那块丑石。(贾平凹《丑石》)

②强调停连

强调停连指的是为了强调某一事物,突出某一语意或某种感情而做的停连。强调停连在不是语法停连的地方做适当的停连,也可以在语法停顿的基础上变动停顿的时间。例如:

小白兔没有了/兔妈妈就着急了。

小白兔没有了兔妈妈/就着急了。

别了,我爱的中国,我全心爱着的/中国!(郑振铎《别了,我爱的中国》)

③生理停连

生理停连是指作品中人物因生理上的需要而产生的异态语气。比如,激动、上气不接下气、无力完整说话断断续续地、口吃等状态。生理停连在朗读中要注意把握好分寸,能够提点传神即可,而不强调夸张的呼气和吸气声音,以免打断稿件语气的脉络。在朗读中只给予必要的、象征性的表现,而不可过分强调模拟性。例如:

1964年5月14日,在焦裕禄同志生命的最后时刻,中共河南省委和开封地委两位负责同志守在他的床前,他拉着这两位同志的手,断断续续地说:"党……派我……到兰考……工作,我……没有……完……党交给我……任务。"

(2)速度

文章的体裁和内容影响朗读的速度,通常表现高兴、紧张、害怕、激动、愤怒等内容时速度较快,悲伤、失望、生病、哭泣等内容的速度较慢。鲁彦的《听潮》是一篇借景抒情的优美散文,主要描绘了温情脉脉的海睡图和雄健奔放的海醒图,作者的情绪由轻松、平和到兴奋、欢快。朗读海睡图的内容时语速要舒缓一些,读出大海落潮时的阴柔美;朗读海醒图的内容时语速要快一些,读出大海涨潮时的阳刚美。[①]

节奏的运用往往使朗读自始至终贯穿着一种生命的律动,使朗读者情感的抒发和听众的心灵相互触动与感染,交流与沟通。节奏的产生离不开语言的抑扬顿挫、轻重缓急的变化。朗读时,节奏的类型不是单一的,也不是固定不变的。节奏类型主要是针对整篇作品而言的,因此从全篇来把握,要注意其整体性。一篇作品也不一定只有一种节奏,还要注意其变化性。如《卖火柴的小女孩》节奏类型应属于低沉型的,但在朗读幻觉中的"幸福感"时,就可以稍扬。全篇以抑为主,欲抑先扬,回环交替,形成现实和幻境的深刻对比。根据节奏的基本特点和表现形式,一般来说,节奏可以分为六种类型:

轻快型——多扬少抑,多轻少重,语流显得轻快、欢畅,如《小蝌蚪找妈妈》。

凝重型——多抑少扬,多重少轻,音强而着力,语势较平稳,如《最后一课》。

低沉型——少扬多抑,语速缓慢,声音偏暗、偏沉,如《卖火柴的小女孩》。

高亢型——语势向高峰逐步推进,语速偏快,声音明亮、高昂、爽朗,如《海燕》。

舒缓型——多连少停,声音清亮,语气舒展自如,语速徐缓,如《再别康桥》。

紧张型——多连少停,多重少轻,语言密度大,语气急促、紧张,如《最后一次演讲》。

(3)语气语调

①语气。语气是由"语"和"气"组成。"语"是指通过声音表现出来

[①] 任万昕.以园为本的幼儿园教师教科研素养提升策略研究[J].当代家庭教育,2019(33):36.

第三章 新时代幼儿园教师的口语素养研究

的语句,"气"是指朗读时支撑有声语言的气息状态。语气的一面是内在的思想感情的色彩和分量,另一面是外在的高低、快慢、强弱、虚实的声音形式。具体来说,"语"是"神"的部分,"气"是"形"的部分,朗读、说话必须形神兼备,才能准确而生动地反映出朗读者和说话者的本意。这当中,不但音随意转,气随情动,而且以情运气,以气托声,以声传情。即有什么样的感情,就会产生什么样的气息;有什么样的气息,就会有什么样的声音状态。由此可见,语气是情、气、声的结合体。

语气运用的一般规律是:

爱则气徐声柔。例如:

栗色的小兔子想要去睡觉了,它紧紧地抓住栗色的大兔子的长耳朵,它要栗色的大兔子好好地听。它说:"猜猜我有多爱你?"([爱尔兰]山姆·麦克布雷尼《猜猜我有多爱你》)

憎则气足声硬。例如:

小猫咪看看它说:"狐狸,狐狸,你不做工,还想白白吃东西,哼!我才不带你去呢!"说着,就跑掉了。(童话剧《小熊请客》)

悲则气沉声缓。例如:

老星星说:"每晚,我们星星一出来,花儿就睡了。我从来没见过开放的花。现在我老了,快要离开这个世界了,真想看一看开放的花……"(冰波《流星花》)

喜则气满声高。例如:

"今天的运气真不错!"驴小弟想,"从现在起,我要什么就会有什么了。爸妈也可以想要什么就有什么。我的亲戚、朋友,以及所有的人都可以要什么就有什么啦!"([美]威廉·史塔克《驴小弟变石头》)

惧则气提声抖。例如:

"大老虎嚼起铁杆来,跟吃面条一样……"小兔说着,害怕得缩起了脑袋。(冰子《没有牙齿的大老虎》)

急则气短声促。例如:

小猴子大叫起来:"不好了,不好了!月亮掉到井里去了。"(寓言故事《猴子捞月亮》)

怒则气粗声重。例如:

狼气冲冲地说:"就算这样吧,你总是个坏家伙!我听说,去年你在背地里说我的坏话!"(寓言故事《狼和小羊》)

疑则气细声黏。例如：

小猫喵呜喵呜叫："你为什么要吃我呀？"(《狮子照哈哈镜》)

朗读时，情是主导，是内涵，是依托；气息是被情支配、引导的，是声音的基础、动力；声音是形式，是情的外在表现，是气息控制的结果。只有感情上的千变万化，才有气息上的千姿百态，也才会有声音上的姹紫嫣红。

②语调。语调(也称句调)，是指朗读时整个句子高低升降的语流变化。句调不同于声调。句调是整个句子音高的高低升降变化，声调则是一个音节音高的高低升降变化。通过语调高低升降的变化，可以表达不同的语气，体现说话人喜怒哀乐的不同感情态度。语调是语气的载体，语气是借助于语调来表现的，所以说语调是语气外在的快慢、高低、长短、强弱、虚实等各种声音形式的总和。语调的起伏千变万化，很难找到完全相同的形式。这里仅对一般语调总的运动趋势做粗略的归纳，语调可大致分为平直调、高升调、降抑调及曲折调四类。

平直调(→)

语流的运动状态基本平直舒缓，没有显著的高低升降变化。一般多用在叙述、说明或表示迟疑、沉思、严肃、冷淡、悲痛、悼念等句子里。例如：

记得一位伟人说过：母亲是女儿心中的太阳。(叙述)

他想是向爸爸妈妈要钱，还是自己挣钱。(思索)

烈士们的英勇和业绩将永垂不朽！(严肃)

高升调(↗)

句子语势逐渐由低升高，句尾音强而且向上扬起。一般表示疑问、反诘、号召、高兴、惊讶、紧张等语气多用这种语调，也用于表示激动的心情。例如：

你怎么来了？(疑问)

这不是很伟大的奇观吗？(反问)

大家赶快行动起来吧！(号召)

草屋竟然变成了楼房！(惊异)

降抑调(↘)

句子语势先高后低，逐渐下降，末尾低而短。一般表示肯定、恳求、允许、感叹、自信、祝愿等语气或心情沉重等感情的句子里。例如：

似乎每一片树叶上都有一个新的生命在颤动，这美丽的南国的树！

（赞美）

多可爱的孩子啊！（感叹）

放下武器，举起手来！（祈使）

乌云是遮不住太阳的！（自信）

曲折调(↗↘或↘↗)

句子语势有较明显的起伏，或先升后降，或先降后升，末尾音也往往伴以特别的加重、拖长，形成一种升降曲折的变化。常用于表示特殊的感情，如夸张、反语、惊讶、幽默、嘲讽、双关等句子里。例如：

上帝，这衣服多么合身啊！裁得多么好看啊！（夸张）

啊，亲爱的狼先生，那是不会有的事。（惊讶）

你漂亮，全世界数你最漂亮！（讽刺）

语调指的是语句里的声音高、低、升、降的变化。语句里有了这些变化，才会有动听的语调。所谓声音的高低升降，就是抑、扬、顿、挫的搭配。搭配得宜，节奏感好，词句就富有音乐的美感。语调的高低变化是由说话的人对他所说的事物态度决定的。如：

今天天气很好↗？（不太相信。语调升得快而高）

今天天气很好↘。（极端肯定。语调降得快而低）

今天天气很好↘！（天气之好出乎意料）

今天天气→很好。（沉吟）

今天天气很→好！（感叹）

二、演讲训练

演讲有着不可估量的社会作用和社会价值。演讲是宣传和动员群众的一种手段，是阐明理论观点、发表学术见解的一种手段，又是锻炼口才、提高素质的一种手段。演讲的训练是对人多方面能力的训练，对一个人各方面素质的提高起到重要的作用。

(一)演讲的含义及分类

演讲是指在特定的场合，面对听众就某个问题发表自己意见的一种独白体说话形式，必须具备以下四个要素：演讲者、听众、沟通二者的媒介以及演讲者和听众同处一个共同的时空。

在演讲活动中,联系演讲者与听众的是以有声语言和态势语言为物化载体的信息和信息所负载的思想和情感。区别于其他的交流方式,沟通演讲者和听众的媒介主要是有声语言和态势语言。按演讲方式划分:

命题演讲,是指演讲者事先经过准备,就某一专题所发表的演讲,其特点是主题鲜明、针对性强、内容稳定、结构完整。

即兴演讲,又称即席演讲,是指事先没有准备的演讲。这类演讲有较强的临时性,具有篇幅短小、思维敏捷、方式灵活的特点。

论辩演讲,指对某一事物、某一问题持有不同观点的双方,以坚持本方观点、驳斥对方观点为宗旨进行的演讲。这类演讲具有针锋相对、短兵相接的特点,要求演讲者思维严密、应变能力强。

此外,演讲的分类方式还有很多。18世纪著名演说家乔治·坎贝尔根据演讲的意图和目的,把演讲分为娱乐性演讲、传播性演讲和鼓动性演讲等,英国梅尔斯把演讲分为建议性演讲、情感性演讲和大众性演讲等,我国著名演讲家邵守义先生从演讲的功能上将演讲分为使人知类、使人信类、使人激类、使人动类和使人乐类。演讲的准备方法多种多样,但是无论哪种方法我们都可以把它归为"五步",我们称为"演讲的准备五步":即拟定讲题、设计标题类型、写好讲稿、熟记讲稿和自我讲练。

(二)演讲的分类训练

1. 命题演讲

命题演讲是指题目事先已被确定,演讲者根据题目要求做了一番准备之后所进行的演讲。命题演讲的特点如下所述。

(1)主题鲜明

这是命题演讲的最基本要求。演讲者要旗帜鲜明地表明自己的观点,赞成什么,反对什么,不要含糊不清。

(2)针对性强

命题演讲的一个很大的优势就在于可以针对现实生活中的热点问题发表观点,表明态度,由于与生活密切相关,因此也容易引起听众的共鸣。

(3)内容充实

演讲者在选择材料时除了视野开阔外,还要注意选择具有代表性的典型事例,以增强说服性和感染力。

(4)结构完整

要求演讲的起承转合要精心安排,对层次段落、过度和照应、开头和结尾的设计要匠心独运。

命题演讲成功的条件如下所述。

(1)做好演讲准备,记熟讲稿,反复演练。

(2)保证临场发挥效果,学会控场,有一定的应付意外情况的能力。

(3)注重自我形象的展示,做到着装得体,举止合度,神情端庄,表现自然。

命题演讲的训练

[训练目标]

(1)引导学生弃低从高,不断进步。

(2)学会定题、选材。

(3)提升演讲时的口语表述能力。

[训练方式]

(1)由教师设定一个主题,大致限定演讲内容,设定相对一致的评价标准。

(2)可以以比赛的方式轮流进行。

(3)规定演讲时间,如 3—5 分钟。

[训练内容]

(1)"中国梦,我的梦"。

(2)"争做民族复兴栋梁"。

(3)"读书在行知"。

[训练要求]

(1)对于主题,参赛者一般只能服从,不能变动。

(2)对于每一个演讲者来说,可以在统一主题下给自己的演讲稿另标一个小标题,选定自己的角度。

[训练提示]

(1)题目确定"宜小不宜大"。

(2)标题要醒目。

(3)立论要避免偏激和以偏概全。

(4)找到论题与自身经验的交叉点。

(5)演讲要符合自己的个性。

2. 即兴演讲

即兴演讲是指演讲者在特定场景和主题的诱发下,自发要求或由外力推动的一种临时性演讲。

即兴演讲的特点:

(1)应用的临时性

即兴演讲通常是在毫无准备的情况下进行的,即使有时间准备,也是要求在较短的时间内投入演讲状态,所以基本无法写出讲稿,甚至连提纲都来不及列出,主要靠临场的发挥。

(2)内容的触发性

即兴演讲往往是在某种特定场合或特殊情况下激发了演讲者不吐不快的强烈欲望,这类演讲会显得格外激情澎湃,而且气势感人。如闻一多先生的《最后一次讲演》。

(3)表现手法的简洁性

即兴演讲不需要长篇大论,兴之所至,灵感突发,如果能在两三分钟之内以寥寥数语撩拨听众的心弦,引起强烈的共鸣,那么演讲的目的便达到了。因此篇幅讲究短小精悍。

(4)思维的敏捷性

即兴演讲由于事先没有准备,临场有感而发,因此更注重敏捷的思维能力,要求演讲者迅速地将内部语言转化为表达能力。

即兴演讲的训练:

[训练目标]

(1)训练思维的敏捷性。

(2)培养迅速确定主题,组织材料的能力。

(3)培养能够顺畅而完整地表达的能力。

[训练方式]

(1)假设或模拟某种生活场景。

(2)可以轮流进行或分组后组内选派代表进行。

(3)规定演讲时间,如3分钟。

(4)演讲后由其他同学或教师对所讲内容进行评述。

[训练内容]

(1)班长竞选活动中,报名竞选的有前任班长、前任学习委员、前任体育委员、普通同学等几个。请你任选以上一个角色,准备在竞选会议上作一个即兴发言。

(2)元旦联欢晚会在进行中,突然停电了,全场一片漆黑,场内开始出现了哄闹趋势,你作为节目主持人,请你讲一段话,使同学们在欣赏你的演讲艺术的过程中,愉快地度过这几分钟。

［训练要求］

(1)临危不乱,从容不迫。

(2)具备随时准备演讲的心理状态。

［训练提示］

(1)把握现场气氛,演讲的感情基础要与场合气氛和谐一致。

(2)了解听众,把握讲话的分寸。

(3)因事而发,把握事件的实质性意义。

(4)新颖别致、突出特色,把握自己的身份。

第三节 幼儿园教师的职业口语训练研究

一、导入语训练

1. 导入语的概念

导入语是教师在活动开始时为吸引幼儿的注意力或者引出活动内容而设计的话。导入语有助于创设最佳的教学情境,引导幼儿很快地进入教学状态。

2. 导入语的要求

(1)简洁生动,富有启发性

导入语使用的主要目的是为了引出活动的主题,及时抓住幼儿的注意力。切记要点到为止,不可喧宾夺主。

其次,简洁的语言中除了要清楚地表达主题外,还要有启发性,能激发幼儿结合已有经验进行思考。

案例 3-5：

大班泥工活动《我为小鱼穿花衣》

教师出示多张鱼的图片，引导孩子观察，并指着图片说："大海里住着许多的小鱼，可是有只小鱼跟它的伙伴们长得不一样，它长得像石头，大家称它为'小石头鱼'（出示小石头鱼）小石头鱼想把自己打扮得漂漂亮亮，让大家都喜欢它。如果你想帮助小石头鱼，那请你为它穿上美丽的花衣。"

点评： 这段活动利用为小鱼穿花衣这个线索，深深吸引住幼儿的注意力，使幼儿一直为给小鱼穿花衣而全神贯注地完成任务。

(2) 设计要新颖，引起幼儿兴趣

导入语不仅仅是要引出主题，更要激发幼儿学习的欲望，使幼儿迅速步入精神兴奋状态，并在好奇心的驱使下产生强烈的探究意向，从而为新的探索活动做铺垫。一段设计新颖有效的导入语能满足幼儿的好奇心，有助于创设最佳的教学情境。[①]

案例 3-6：

大班语言活动《反义词》

师：（出示一个装满东西的神秘口袋）小朋友，今天老师带来了一个魔法口袋。魔法口袋变出的东西都有秘密，需要你们仔细观察哦。

点评： 神秘的导入方法在很多教学活动里都适用，但是用得不好的话反而显得多余。这个活动的导入，简单新颖，直截了当，能瞬间引起幼儿的兴趣。

3. 导入语的方式

由于教学内容、教学对象以及教师本身的兴趣爱好和习惯的不同，教师设计的导入语也是各有不同的。在幼儿园教学活动中，常用的导入语方式有以下几种。

(1) 教具导入

教师在开始教学时借助实物、玩具、图片、影音资料等道具演示的形式导入活动，直观形象，既能调动幼儿参与活动的积极性，又让幼儿容易理解。

---

① 董迎青. 幼儿园教师素养提升策略研究[J]. 新课程（综合版），2019(11)：284.

案例3-7：

中班语言活动《树真好》

师：老师给你们看一个字(把树倒贴在黑板上)，认识吗？

幼：树。

师：请小朋友们再看看这个。你们看到了什么？(一棵用手工制作的银杏树贴在黑板上)

幼：真好看。我看到了金色的叶子，像蝴蝶一样……

点评：教师有效地运用教具和开放式的提问相结合，一下子抓住了幼儿的兴趣点，也在瞬间点到了主题。

(2)作品导入

故事、儿歌、谜语、绘画等作品对幼儿具有特别的吸引力，教师可以根据活动内容和需要，选择与活动内容紧密联系的故事、儿歌、谜语等作品导入，给活动环境创造一种轻松和谐的气氛，以激发幼儿学习的兴趣。

案例3-8：

中班科学活动《蝴蝶》

师："'两根触角细又长，身穿一件花衣裳，百花丛中采花忙，好似漂亮小姑娘。'小朋友开动小脑筋，猜猜这是什么？"

点评：这样的导入在幼儿园教学活动中是比较常见的，教师利用与教授内容相关故事、儿歌或者谜语等形式来导入活动。通常这样的导入都是为了让幼儿感兴趣，并能在了解事物特征的基础上进行学习。

(3)游戏导入

游戏是幼儿最喜爱的活动，也是幼儿园活动的主要形式。因此，在活动开始时，教师不妨用游戏的方式或游戏的口吻创设游戏情境，激发幼儿的活动兴趣。

案例3-9：

中班语言活动《吹泡泡》

师：今天我们要来玩一个好玩的游戏，游戏的名字叫"吹泡泡"，我们班小朋友吹过泡泡吗？

幼：吹过。

师:伸出我们的小手,把我们的小手变成小泡泡,一起来吹泡泡。

师:小手。

幼:准备(小手伸出来)。

师:吹泡泡,吹泡泡(左右手大指和食指分别并拢做一个圆,跟着节奏手往上爬)轻轻一弹就破了(大指和食指弹开)。

吹泡泡,吹泡泡(左右手大指和食指分别并拢做一个圆,跟着节奏手往上爬)。轻轻一拍就破了(左右手拍合)。

师:刚才我们一起吹了泡泡,吹泡泡好玩吗?

幼:好玩。

师:游戏结束,我们一起听一个关于吹泡泡的故事,请你们仔细听。

点评:手指游戏可以锻炼宝宝手指肌肉的灵活度,利用贴近幼儿生活,幼儿又感兴趣的游戏导入,会让导入事半功倍。

(4)表演导入

教师在活动开始时根据教学内容所需,通过幼儿戏剧、舞蹈等表演形式设置相关的教学情境,使幼儿有身临其境的感受,更好地激发学习兴趣。

案例 3-10:

大班语言活动《认识新疆》

教师穿戴新疆服饰说:"小朋友们,你们看,我今天穿了一件好漂亮的裙子,一会我要穿着这件好看的裙子跳段舞哦。"(教师跳新疆舞蹈)

师:我刚才跳的舞好看吗?

幼:好看。

师:那你们知道这是哪个民族的舞蹈吗?

幼:不知道。

师:我刚才跳的是新疆维吾尔族的舞蹈,你们想去新疆玩吗?

幼:想。

师:那现在就请你们跟着我一起去新疆做客吧……

点评:这节课要让孩子走进新疆,了解新疆,但孩子们对新疆的了解并不多,通过穿戴新疆服饰进行新疆舞蹈表演的导入可以让孩子们有更直观的感受,激发幼儿的学习兴趣。

第三章 新时代幼儿园教师的口语素养研究

（5）悬念导入

悬念导入是结合教育内容设计一些既符合幼儿认知水平,又生动有趣、富有启发性的问题,神秘地给幼儿制造悬念,满足幼儿好奇的心理,使幼儿产生探求事物奥秘的欲望。

案例3-11：

中班语言故事《会动的房子》

师：(出示各种造型房子的图片)我们住的房子会动吗？有一只小松鼠,造了一座房子,这座房子会不停地带它去旅行,这是怎么回事呢？让我们一起来听听故事《会动的房子》。

点评：教师用生活中不可能发生的事给孩子制造悬念进行导入,提高幼儿对故事的兴趣,调动幼儿的好奇心。

（6）实验导入

教师通过直观形象的实验操作导入活动内容(多为科学活动使用),变抽象为具体,变深奥为浅显,培养幼儿的观察力,对幼儿理解、掌握新授内容起到事半功倍的作用。

案例3-12：

中班科学活动《浮与沉》

师：小朋友,今天我们一起来做个小实验好不好？

幼：好！

师：请小朋友们把充气玩具放进水里,看看有什么事情发生？

幼：它沉不下去,总浮起来。

师：用力往水里按,看能不能沉下去？

幼：不能！

师：这是为什么？

幼：有个力往上顶。

师：用手再按按,感受一下,是一种什么样的力？

师：这就是水的浮力。

点评：通过让幼儿玩水里的玩具,促使幼儿亲自发现问题,激发其求知的欲望。

(7)提问导入

教师通过与本次活动相关的问题来调动幼儿的积极性与主动性,让幼儿快速进入学习、讨论的状态。

案例 3-13:

大班早期阅读《会动的房子》

师:房子为什么会动?

幼:"因为有轮子""因为地震了""因为有人在拉"。

师:我们住的房子会动吗?为什么?

幼:"我们住的房子不会动,很重。""很高,而且是水泥的。"

师:那小松鼠的房子为什么会动呢?我们一起去看看吧。

点评:老师的提问环环相扣,指引主题,激发了学生寻求答案的欲望。

二、讲授语训练

讲授语是幼儿教师在活动组织中用来讲述、阐释教学内容的一种教学用语。3—6岁孩子的思维带有具体形象性,并且主要是依赖口头语言来接受信息。因此,教师在组织活动中,使用的讲授语应讲清"是什么""为什么""怎么做"等问题,应使幼儿能够理解、乐于接受,达到良好的教学效果。

1. 讲授语的类型

在幼儿园教学活动中,讲授语一般分为讲述语、讲解语、总结语。

(1)讲述语。讲述语是教师运用生动形象的语言对事物或事件进行清晰准确的描绘,使幼儿明白活动过程或活动规则等所使用的教学语言。讲述语可以分为叙述和描述两种。叙述的语言要简洁明快、朴实无华,多半用于阐述和讲解自然现象或者实验操作等。

案例 3-14:

大班科学活动《自然测量》

教师要小朋友用雪糕棒作为测量工具,测量桌子的边长有多少根雪糕棒的长度。

第三章　新时代幼儿园教师的口语素养研究

师：……测量时，雪糕棒的一头要对齐桌子的边角，雪糕棒的另一头用粉笔画一条短线作为记号，第二次测量时要从记号开始接下去量。

点评：科学活动需要很强的逻辑性，但是语言又不能太过枯燥和复杂。本片段通过教师清晰准确简洁的表达，加上操作，使幼儿明确了测量的操作过程。

描述时要在形象化的讲述中融入感情，把复杂的情景具体地描述出来。

案例 3-15：

中班语言活动《下雨前》

表演故事《下雨前》，要求幼儿讲述下雨前蜻蜓、青蛙、小鱼、蚂蚁的活动变化。然后讲解为什么会有这些变化。

师：下雨前，蜻蜓飞得很低，这是为什么呢？因为下雨前空气潮湿，蜻蜓觉得不舒服，很不高兴，所以蜻蜓飞得很低……

下雨前青蛙唱得欢，这是为什么？这是因为这时候空气潮湿，青蛙觉得舒服，特别高兴，所以比平时唱得欢。

小鱼为什么游出水面？因为这时水底闷得难受，小鱼只好游出水面来透气……

蚂蚁为什么忙着搬家？下雨的时候，雨水从山坡上冲下来，会把蚂蚁的房子冲垮，所以赶在下雨前往山坡上搬家。

点评：教师的语言符合幼儿语言的发展水平，有浓厚的童趣，把复杂的问题用生动有趣的语言讲出来，易于让幼儿身临其境，取得较好的教学效果。

(2)讲解语。讲解语是教师在启发幼儿探索知识时运用提问、阐释、说明、分析、论证、概括等手段，对幼儿难以理解的问题进行讲解或提问，引导幼儿找到答案而使用的教学语言。

案例 3-16：

大班语言活动《小丑鱼》中，教师想让幼儿理解小丑鱼的前后心理变化。

师：……大海里有许多各种各样不同颜色、不同形状的鱼，他们都在欢快地游着，小丑鱼为什么自己躲在珊瑚礁的缝隙里？它的心情怎么样?

引导幼儿认真观察图画书前半部分。

小结:小丑鱼觉得自己长得不好看,所以就常常自己躲起来,它很伤心,很孤独,很难过。

教师:……两条小鱼碰面以后,发生了什么事情?看看她们的表情,说说他们的心情怎么样?

点评:这段讲解语通过提问,循序渐进引导幼儿理解小丑鱼前后的心理变化过程。一步一步地提问,让幼儿清晰明白地了解教师所要表达的主要内容。

(3)总结语。总结语是教师用简练精确的语言归纳出一个教学内容或问题,给幼儿一个总体概念的教学语言。

案例 3-17:

大班语言活动《春天》

师:为什么说春天是一本彩色(会笑、会唱)的书?

幼儿自由谈论回答。

师:春天到了,各种颜色的花都开了,树和草都发芽了,就像一页一页彩色的画面,所以说,春天是一本彩色的书。春天,池塘里的冰融化了,春风在池塘里吹出了一个个小漩涡,就像小朋友微笑时脸上的小酒窝,所以说,春天是一本会笑的书。春天到了,打雷、下雨发出的声音,小燕子和青蛙等小动物的叫声,就像唱歌一样,所以说,春天是一本会唱歌的书。

点评:在提问之后,教师给予小结。这样的小结是充满诗情画意的,能给幼儿的不仅仅是书上的画面美,更多的是一种散文的意境美。

2. 讲授语的要求

讲授语需要讲清"是什么""为什么""怎么做"等问题,所以讲授语应当准确明白、生动有趣、感情丰富。

(1)要准确明白,有条理。由于教学对象的特殊性,要求教师在讲授时一定要准确明白地表达。教师讲授语由多个语段组成,所以也要求语句的组合要富有条理性、连贯性。

第三章 新时代幼儿园教师的口语素养研究

案例 3-18：

中班艺术活动《有趣的色彩》

师：今天我们要用美丽的颜料来变魔术，先请小朋友来拿一张卡片，并在卡片上面涂上你最喜欢的颜色。涂好颜色后请把你的卡片拿给我（教师将幼儿涂好的卡片整齐地拼贴在大画纸上，组成一幅由色彩构成的图画，请幼儿观察）。

师：刚才你们涂的是什么颜色？

幼：红、黄、蓝、绿。

师：这种颜色像什么？

幼：红色像太阳，黄色像稻田，蓝色像天空，绿色像小草。

师：你为什么喜欢这种颜色？

幼：……（尊重幼儿的各种选择及缘由）。

师：你觉得这幅大图画像什么？

幼：五颜六色的，像彩虹。

师：嗯，今天我们用各种各样的颜色画漂亮的大彩虹，现在我们一起把美丽的大彩虹贴在我们的绘画墙上吧！

点评：教师的语言富有条理，有逻辑性，在教学活动中充分发挥幼儿的想象力，让活动变得更加丰富多彩。

（2）要生动有趣，易于身临其境。讲授语应该符合幼儿语言的发展水平，儿童口语色彩要浓厚。复杂的问题要用生动有趣、绘声绘色的语言讲出来，让幼儿身临其境，激发幼儿浓厚的学习兴趣。

案例 3-19：

中班社会活动《我是男孩(女孩)》

教师出示男孩和女孩图片。

师：今天我们教室来了两位小客人，小朋友看看他们是男孩还是女孩？

幼：一个男孩，一个女孩。

师：那要怎么区分男孩女孩呢？

幼：女孩有长长的头发，男孩没有。女孩穿漂亮的长裙子，男孩穿短裤。

师：那你们家里有谁是男生？谁是女生？

幼：爷爷、爸爸、叔叔、哥哥是男生，奶奶、妈妈、阿姨、姐姐是女生。

师：那现在我们玩一个《开火车》的游戏，请男生小朋友一队，女生小朋友一队。

点评：教师用生动有趣、便于幼儿理解的方法进行教学，让幼儿正确区分男女，最后的游戏环节加深并巩固幼儿学习的知识，激发幼儿的学习兴趣。

（3）要深浅适度，符合幼儿认知发展水平。幼儿的理解能力受限，教师在组织教学的过程中，讲授也受到限制。所以教师在使用讲授语时，一定要深浅适度，针对不同年龄段的幼儿使用的讲授语难易程度也不一样，还要注意个别差异。

案例 3-20：

中班科学活动《瓶吞鸡蛋》

师：瓶子比鸡蛋小，为什么瓶子还能把鸡蛋吞到瓶子里呢？它的奥妙在什么地方？现在请你们玩一玩放在桌子上的玩具，一边玩一边动脑筋想一想，鸡蛋是怎么进到瓶子里的？

小朋友自由玩十分钟

（首先让小朋友发表自己的意见，在此基础上老师揭示《瓶吞鸡蛋》的奥秘。）

师：大家对空气的妙用已经说出一些了，现在老师根据大家的意见说得更完整一些：瓶子的口比较小但能把比自己大的鸡蛋吞进去，是因为鸡蛋放进去之前，纸条就在瓶里燃烧了，瓶里的空气受热膨胀，有一部分跑出瓶外，瓶里的空气显然比原来的少而变得稀薄；摆在瓶口上的鸡蛋有一定弹性，就往瓶里挤压，来补充跑掉的空气的位置。所以，尽管看上去鸡蛋比瓶口大一些，但瓶外面的压力大于瓶里面的压力，所以就挤进瓶里了。

点评：教师通俗讲解科学知识，用语简练明确，平实易懂。讲述中运用"尽管……但……所以"这个二重复句（整个句子在意义上包含着两种关系，在结构上形成了两个层次），给讲解增加了逻辑性，也更容易让大班的幼儿接受。

三、应变语训练

由于教学活动是动态的而不是静态的,教师、幼儿、活动之间的沟通过程瞬息万变,有许多情况教师无法预测,甚至猝不及防。这就要求教师在教学过程中,能够根据信息交流的具体情况,熟练地运用应变语,冷静、机智、巧妙地调控教学活动,化解突如其来的变故,掌控教学中的主体地位。应变语是教师在组织教学活动中,能够根据突发交流信息巧妙处理、熟练运用的应急性教学口语。应变语是达成教学目标、取得最优化教学效果的重要条件。应变能力是每位教师都应具备的教学技能之一。

1. 应变语的技巧

(1)因势利导。教师在组织教学的过程中顺着突发事件引导幼儿的一种应变方法即因势利导。这种方法可以使教师在教学活动中面对幼儿意外发问时,能变被动为主动。

案例 3-21:

大班折纸活动《神奇的衣服》

今天是美术折纸活动。教师刚说今天我们要学折衣服,立即就有几个小朋友说:"老师,我会折。"看来,有些小朋友以前已经学过了。到底要不要继续呢?教师接着说:"今天,老师给小朋友们变个魔术?"(教师做神秘的表情和动作)小朋友听到变魔术一下就安静了。教师把衣服的四角拉出,说"变",二条裤子出来了。大家高兴地直拍手。小朋友说:"老师真厉害。"

点评: 案例中的教师成功地运用了应变语。教师临阵不慌巧妙地运用一个"变"字,既满足了幼儿的好奇心,又解决了课堂混乱问题,使自己设定的目标顺利完成。

(2)将错就错。在教学活动中教师会因为自己的疏忽而发生错误,此时不要回避也不要紧张,要冷静地将错就错、妙语补失,从容地改正错误并引导幼儿推导出正确的答案。

案例 3-22：

大班数学活动《降落伞》

在计算活动中，教师不小心把贴绒降落伞碰掉了。孩子们立刻发出："老师掉了。降落伞掉了。"教师灵机一动说："小朋友们数一数，有几个降落伞落下来了？还有几个贴在黑板上？一共有几个降落伞呢？"

点评： 案例中的教师成功地运用了应变语。教师临阵不慌，巧妙地转换话题，既满足了幼儿的好奇心，又解决了教学问题，使自己设定的目标顺利完成。

（3）自然转移。教学活动中，有时候幼儿会提出一些老师不便回答或者不能回答的问题，还有一些与本次教学活动无关的问题，教师可以采取转移话题的方法来摆脱困难。

案例 3-23：

中班美术活动《美丽的百褶裙》

活动一开始，教师放动画片让孩子们欣赏百褶裙。全班小朋友都在认真地看，突然有一个小朋友说："老师，好丑哦！"随后又有几个小朋友附和着说："好丑哦！上面的裙子好难看。"这时教师停止放映说："电视上的不好看，那么今天小朋友们来做魔术师，把我们自己的裙子变好看好吗？想一想怎么变？"

点评： 案例中的老师巧妙地运用了应变语。既没有批评幼儿，也没有觉得尴尬，而是巧妙地把话题引入教学中，使教学活动顺利完成。

2. 应变语的要求

（1）从容镇定，不要慌乱。教学活动过程中突发情况是各种各样的，应变语应因时而异、因人而异。无论在什么样的情况下，教师一定不可慌乱无措，要从容镇定，针对具体情况迅速地做出判断，解决问题，以保证教学活动顺利进行。

（2）求实坦诚，实事求是。求实的教学态度是教师启发幼儿、激发幼儿求知欲的重要手段之一。在应对突发事件时，切不可匆匆带过，也不得信口雌黄、随意编造，要实事求是，坦诚地组织应变语。

（3）和蔼可亲，切勿生硬。教学活动中的突发事件会影响教师情绪，会造成教师心里的不悦，但教师应保持和蔼可亲的态度去应对，不能因为孩子的话扫了自己的面子而一味地责备幼儿,影响幼儿参与活动的积极性。

四、结束语训练

结束语是指教学活动结束时教师所用的教学口语。其主要目的是归纳总结活动的内容,使幼儿强化记忆,巩固知识和技能。

1. 结语的种类

(1)归纳总结。教学活动结束,把内容作简单的、概括性地归纳和总结,利于幼儿强化记忆。

案例 3-24:

中班科学活动《认识彩虹》

教师引导幼儿做三棱镜实验和吹泡泡的实验之后提问:彩虹是怎么形成的?(幼儿讨论回答)

师:下雨过后,太阳出来,天上有很多很多的小水滴,这些小水滴把太阳分成了赤、橙、黄、绿、青、蓝、紫七色,在天空中以弧形的形状出现。就是彩虹。

点评:通过实验和提问,幼儿知道了彩虹是怎样形成的。教师在幼儿的感性的认识上经过概括升华为理性的认识。这段结束语在提高幼儿的抽象思维能力方面起到了很重要的作用。

(2)画龙点睛。抓住重点,善始善终。结语要能充分地从现象迁移到本质,同时易于幼儿接受。

案例 3-25:

中班语言活动《多变的脸》

教师启发幼儿谈话认识各种表情,为什么会有这些表情之后,小结。

教师:大家都喜欢笑的表情。笑就是高兴、快乐、开心。我们也要经常笑,让身边的人跟着我们笑,这样每个人都会很开心哦!

点评:教师这个结语让幼儿回顾了之前的知识,了解大家都喜欢笑的表情,笑代表开心、快乐,最后画龙点睛地引出要笑口常开。

（3）指导活动。教学过程中，一般将幼儿动手操作作为活动的高潮来安排，而将动手操作安排在活动结束部分则可以给幼儿充分的时间。

案例 3-26：

中班美术活动《美丽的海底世界》

教师：小朋友真能干，每人都能认真画出自己喜欢的海底生物。现在将这些美丽的海洋生物放到大海里（将画好的海洋生物粘贴），让我们的大海变得更漂亮、更美丽。

点评： 教师将幼儿动手操作环节放在了活动的最后，提高了幼儿的积极性，让幼儿既能游戏，又能巩固加深所学知识。

（4）发散延伸。这样的结语，可以激发幼儿的探索欲望，培养幼儿的探索精神。

案例 3-27：

中班科学活动《各种各样的轮子》

通过讨论实验后，最后结束活动时教师说："今天我们知道了只有圆形的轮子才可以滚动，是最省力的。老师这里有很多的车没有轮子，他们很难过。我们来帮帮他们，给他们画上轮子。课后我们一起来画好吗？"

点评： 教师用简洁的语言强调了实验的结果外，还把活动内容延伸到课外，使幼儿通过为各种车画轮子把间接经验转化为直接经验。

（5）行为评价。以评价幼儿的学习行为来结束活动。

案例 3-28：

中班健康活动《神奇的跳圈》

活动结束时教师让幼儿集合后说：今天我们班的小朋友真的很棒，都很勇敢地跳过了去小熊家的障碍物"跳圈"，单脚跳和双脚跳都跳得非常好。现在，请小朋友变成小兔子跳回教室吧。

点评： 教师最后在结束时评价这次活动小朋友的掌握情况，简单明了地指出了小朋友是勇敢的。

2. 结束语的要求

(1)突出重点,善始善终。结束语的目的在于归纳总结,巩固和强化教学,所以切忌过于花哨、重复,要简单明了,突出重点。

(2)语速适度,不宜过快或过慢。结束语的语速要稳,语气要肯定,不要急于结束、草草收场。

第四节　幼儿园教师的交际口语训练研究

　　幼儿教师交际语是教师接触幼儿之外的不同职业、不同类型的人员,参加各种目的、各种类别的活动时所使用的一种口头语言。教师交际语是一种与教师平时使用的教育、教学语言不同的口头语言,也是教师因工作需要必须掌握的一种语言。

　　良好的交际语可以让教师创造和谐的人际关系、顺利开展工作,同时为教师自身的发展创造良好的机会。教师具备良好的口语交际能力,就能针对具体交际情景、交际对象使用合乎交际场合并让交际对象满意的语言。如家访时,教师若能既充分表达自己的意思又让家长毫无顾虑地表达他们的意见,就能构建教师与家长的和谐关系,更利于幼儿的健康成长;再如,主持集会时能让参与者听话准确、气氛和谐、畅所欲言,工作就能得以顺利开展。

一、幼儿教师交际语的特点

(一)充分尊重

　　教师在交际过程中要充分尊重别人,也充分尊重自己,做到入乡随俗与自信大方的和谐统一。入乡随俗,《现代汉语词典》的解释为:到一个地方就按照当地的风俗习惯生活。教师在交际中的入乡随俗具体表现为尊重交际对象的人格尊严、民族情感、文化传承、职业习惯、理想信仰、个人爱好,等等。但是,强调入乡随俗并不意味着教师在交际活动中畏畏缩缩、战战兢兢、如履薄冰，生怕哪里礼节不周而引起对方的不满，而应该与自信大方和谐统一起来。

自信即相信自己，是一种积极进取的心理品质，是对自我驾驭环境、利用环境能力的坚定信赖。自信不等于我行我素、矜持傲慢，自信是相信自己作为正常人拥有其他人具有的一切天赋，自信的人认为任何交际礼仪的方法、技巧都是自己可以掌握的。他们知道坚定的自信必须有事前精心的准备，他们也愿意接受挑战，激发他们改善社交环境、达成交际效果的斗志。他们保持着一种积极主动的心理状态，即使面对交际中的意外情况，也能处乱不惊、镇定自若，及时、圆满地采取应急措施予以补救，而不会心慌意乱、手足无措。就算真的出现差错，也敢于大方地表示歉意，求得对方的谅解，从而化险为夷、安然过关。入乡随俗与自信大方的和谐统一能使教师迅速地与自己的交际对象打成一片，赢得信任和尊重，并最终达成交际的目的。[1]

(二)内外兼修

内，即内在修养，指理论、知识、艺术、思想等方面的一定水平以及养成的正确的待人处事的态度；外，即人的仪态，具体指身材、容貌、服饰、神情、姿态等。古今中外，教师这个职业总是与崇高、光辉、奉献、无私、春蚕、蜡烛、楷模等词语紧密相连，这体现了历史和现实对教师价值的认同，也折射出社会和时代对教师修养的期望。仪态在很大程度上反映出教师内在的文化素养、审美观念和精神气质，是教师交际语无声的、外在的体现，是对有声交际语的有力补充。因此，教师交际语必须表现出仪态端庄、内涵丰富、修养深厚的和谐统一。

二、幼儿教师交际语的类别及表达方式

(一)校内工作交际语

1. 与同事相处

在工作时间里，教师接触最多的除了幼儿就是同事了。一般说来，

---

[1] 胡陵,何芙蓉.普通话与幼儿教师口语[M].成都:西南交通大学出版社,2013:266.

第三章　新时代幼儿园教师的口语素养研究

教师接触同事除了工作关系,还有私人的交往成分在里面。因此,教师与同事接触,除了交流工作,还有更广泛的话题。教师与同事建立良好的关系,形成良好的工作氛围,对于教师在工作中形成良好的心境至关重要,而良好的心境对于教师提高工作效率有很大帮助,因此,教师要掌握一定的与同事交际的口语技巧。总体来说,与同事相处时的交际语要注意以下几个方面。

(1)互相尊重,将心比心。具体表现为平等相处、真诚相待,无论是工作上的交流还是闲聊,都应恪守这一原则。工作上,班主任教师不能因为自己是班主任,就认为自己比其他任课教师尤其是保育教师作用大、地位高;老教师不能因为年龄大、资格老而瞧不起中、青年教师,中、青年教师也不能因为学历高、理论多而瞧不起老教师;骨干教师不能因为教学能力强,对幼儿园贡献大而瞧不起一般教师。闲聊时,教师们应充分放松,无拘无束地畅谈所见、所闻、所想、所感,从而使精神放松、心情愉悦,还会从中得到有益的信息。大到时事政治、科学文化、天文地理、文学艺术,小到日常生活话题诸如柴米油盐、家庭琐事、街谈巷议、热播的电视剧、时装、彩票,都可以成为闲聊的话题。年轻教师,聊时装、足球、化妆品、电影;中年教师,聊家庭、孩子、理财;老年教师,聊健康保健、医疗卫生。情趣高雅者,墙上的字画,桌上的盆栽,最能调动其聊兴;进取心强者,幼儿的表现、工作的进展是其最热心的话题。只要找好闲聊的话题,教师是很容易与同事聊得开心的。闲聊时还要注意控制情绪并善于倾听,以轻松自然的口气和幽默的语言,创设出宽松愉快的交谈氛围,使大家在交谈中感到轻松愉快。[①]

(2)赞美有方,批评有度。赞美对方要明确具体。称赞同事越明确具体,越说明你了解对方,赞扬的有效性也就越高,就越能拉近双方的关系。可以当面称赞,也可间接称赞,借别人之口转达你对当事人的欣赏与赞美之情,这种间接的称赞有时还能取得更好的效果。赞美同事既要真诚地表达自己对同事的欣赏、赞美、敬佩之情,也应该基本符合事实,不夸大其词、不凭空捏造,否则很容易让同事看作讨好巴结或者别有用心。如果教师觉得同事有值得赞美的,最好立即告诉对方你的感觉。及时地赞美可以创造良好的谈话氛围,滞后的赞美则失去应有的效果。接受赞美的一方,要真诚地表示感谢;如果感到受之有愧,可以在表示谢意

---

① 李冉冉. 幼儿园教师素养及其提升策略的研究[J]. 教育现代化,2019,6(82):137-138.

的同时说明受之有愧的理由。

对于同事的批评,教师既不能充耳不闻,也不能全盘接受,而应该根据具体情况做出相应的反应。对正确的批评,要虚心接受,语气平和、态度诚恳地对同事的批评表示感谢。如果自己的言行给对方造成了不便或损害,要真诚地向对方表示歉意,并承诺及时改正,弥补对方的损失。同事的批评如果不正确甚至无中生有,教师不能因为怕伤了双方的和气而忍住不说,应该语气坚决地告诉对方自己不接受他的批评并采取委婉的语言陈述理由。

(3)求同存异,互相帮助。由于不同的个体间工作习惯、世界观、价值观存在差异,同事之间相处久了,难免会有一些分歧和误会,不要总是抓住不放。要争取主动,以工作为中心、以大局为重,积极和解、求同存异。碰到同事请求帮忙,如帮忙找一些教学资料、帮忙代课、帮忙制作课件、帮忙照看班级,甚至会因为评职称、孩子升学、亲戚生病等事情请教师帮忙。不管什么类型的请求,教师首先要做一个积极的倾听者,认真听取对方困难,并以同感与同情做出适当反应,能帮则尽力帮忙。若遇教师能力有限或同事提出的要求过分,教师可以先向同事表示歉意,再委婉地陈述理由,用"尽力而为""尽最大努力"等弹性词语,给自己留下一定的余地。请同事帮忙时,教师的言语要找准时机、诚实谦恭,在同事时间宽裕、心情愉快时,诚恳地说清利害关系,并对自己给同事带来的麻烦表示歉意,还可以适当说一些恭维话,这样,获得帮助的可能性就比较大。同事繁忙或心绪不佳时,最好免开尊口,否则,被拒绝的可能性就很大。获得帮助后,要真诚致谢;若同事确实不能帮忙或已经尽力而为,也要表示理解和由衷的感谢。

2. 与上级相处

教师在幼儿园里除接触幼儿、同事外,还有大量机会接触从年级主任到园长等各级领导。交流的场合不同、话题各异,教师在与领导接触时,要以尊重的原则得体地说、以服从的原则保留着说。尊重上级是一种天职,与上级交谈时,要尊重上级的意志,服从上级的命令。尤其要注意在工作场合与上级交谈不能"哥们儿"似的不分彼此,说话要符合下级的身份。若遇到上级不同意自己的意见或是受到领导的错误批评,应以适当的方式表达异议或加以保留;不能不依不饶,甚至作为拒绝服从上级工作安排的一个借口。假如确实受到上级的错误批评,可以找机会说

第三章 新时代幼儿园教师的口语素养研究

明一下,但要点到为止。适当的让步常常会让上级找机会弥补自己的过失。如果上级的错误涉及道德、纪律、法律问题,就要据理力争,必要时可以采取法律措施或请求上级部门的仲裁。具体来说,要注意以下几点。

第一,接受任务实事求是、表态干脆。教师经常要接受上级布置的各种任务,如准备迎新晚会、开展调研活动、上公开课、出差、接待、采购,等等。接受任务时,要实事求是地向上级阐明完成任务的可能性和不可预见性,不要为了在上级面前显示自己的能力与决心就说大话、说满话,万一结果事与愿违,常常让上级对你的能力表示怀疑甚至完全丧失信心。表态要干脆利索,避免推诿、不情愿口气,尤其是上级语气坚决地安排你去完成比较复杂而需要投入大量时间、精力的任务时,最好的方法是干脆利落地答应下来。接受上级布置的任务后,教师要向上级介绍任务实施计划并及时向领导汇报任务实施情况,让上级对整个工作进程有大致了解。这样既可以让上级随时解决工作进行过程中出现的问题,也可以在某些不可控制的因素出现而影响工作进程甚至导致工作失败时,得到上级的谅解。

第二,汇报工作态度谦和、简洁明快。向上级汇报工作的完成或进展情况时,要摆正心态,多用请示语,如:"不知我这样做是否恰当""您看这种情形怎样处理""您看这个活动方案哪儿需要修改""请您对活动方案提提意见",等等。要充分准备,提前写一个简明扼要的发言提纲,或者理清大致的讲话思路与汇报顺序,避免临时边想边说;还要掌握汇报内容的相关信息,从容应对汇报过程中上级的随时提问。要语速适中、紧扣中心、简洁明快地介绍事实,最好是一事一报。

第三,表达意见切合实际、语气婉转。教师向上级表达建议、意见、要求时,要从实际出发,不要提过分要求;而且要注意语气平和,多用请求、期望、征询的口气,如"请领导认真考虑我班的方案""您看我的意见可以采用吗""我的看法您觉得如何"等语言。不能认为自己是骨干教师、高学历教师、先进工作者就要求一些过分的东西。有时教师因为工作太忙,或因为家庭原因,或因为上级布置工作不当,会拒绝上级的某些指示、要求或安排,不论是出于何种理由,拒绝领导时都要注意委婉,并充分陈述理由,求得领导的谅解,同时最好能向领导建议替代方案。

第四,面对批评有则改之、无则加勉。教师有时因为工作疏忽,犯了错误,给幼儿园带来一定的损失,也给领导的工作带来不便,领导会因此批评教师。有时,领导仅仅因为心情不好或是因为听信了别人的意见也可能错误地批评教师。针对不同情况下的领导批评,教师可以采取不同的口语交际方法。如果是第一种情况,教师首先要做的是虚心接受领导批评,语气谦恭、诚恳地承认错误,不强词夺理、愤愤不平,言辞上表明愿意承担责任并向领导保证尽快提供整改措施。最后,还要向领导致谢,感谢领导的批评指正。有时,还有必要再次向领导致歉,为自己失误带来的一系列不良后果表示歉意。如果是第二种情况,教师要向领导表明自己不能接受这样的批评,不能因为怕得罪领导就忍而不言,这样会让领导认为他的批评是对的。但教师在表明自己态度时反应不要太激烈,尽量用一种委婉的态度表明自己的观点,同时向领导具体陈述不接受的理由。[1]

第五,参与闲聊积极响应、维护形象。教师与上级闲聊时可以谈一些轻松愉快的话题,如最近的新闻、天气变化、物价、交通状况等;也可以聊一些上级感兴趣的内容,积极响应话题。即使教师对上级的话题不感兴趣或一知半解,教师也应该表现出极大的兴趣,并不时用"我对那一方面本来不太了解。听您这一讲,我真是茅塞顿开""这领域我很陌生,听您这一说,还真有意思"等评价做出积极的反应,同时设法把话题转到双方都感兴趣的内容上去。单独与上级相处时一般不要聊起关于其他同事的话题,更不能利用与上级单独相处的机会不负责任地说其他同事的不好甚至诋毁同事,不要打听上级的私事。有其他教师在场时要注意维护上级形象,即使与上级私交不错,也不能没有分寸。

案例 3-29:
某园负责组织参加全市经典诵读大赛的教师与园长的对话
教师:白院长您好!您能挤一点点时间审批一下这份报告吗?
(园长正准备将报告搁在一旁,听了这话,又拿起报告。)
园长:好吧,我看看。
(园长一边看,教师一边给园长介绍已用红线划出的重点处,简单说明着这次活动的重要性和组织安排。)
园长:(面有难色)好是好,可现在要迎接教育局的检查,而且园里经费也很紧张啊!
教师:确实不巧!可是这次大赛是全市范围内第一次经典诵读大赛,对我们幼儿园来说是一次难得的展示机会啊。本次活动不收报名

---
[1] 宋佳. 农村乡镇中心幼儿园教师专业素养现状研究[D]. 天津师范大学,2019:45.

费。作品我们已经选好了,辅导教师也安排好了,参与的小朋友也有比较成熟的考虑。我们和部分家长进行了沟通,他们非常支持,同意购买参赛服装并在周六上午十点送孩子到园排练;等教育局的检查结束后,我们再利用每周一、三下午的活动时间训练。园长,您看这样行吗?

园长:(微笑)这几个字我可真难签哪!(随即批复:"同意参赛。相关费用由活动经费支出。")

这位老师同领导谈话时,态度谦虚谨慎、不卑不亢,使用敬语恰当,阐述理由有条理、有针对,语言简单精确,说服了园长,取得了交际的成功。

(二)校外活动交际语

教师的校外活动主要有联络社区和到各行政职能部门协调工作两大类。

1. 联络社区交际语

教师联络社区不外乎几种情况:一是服务社区,如培训;二是活跃社区,如带领幼儿开展社区活动;三是调查社区,如针对某个专题到社区调研。那么,教师联络社区的交际语有哪些要求呢?

(1)真诚相待,友好合作

不管是哪种形式的幼儿园与社区合作,教师在与社区相关人员谈话时都要坚持真诚相待,在双方交流过程中多使用礼貌用语,让对方感到自己被人尊重,进而增加合作的兴趣,即使有困难对方也会想办法克服。因此,教师在双方交流过程中尽可能使用"您好""请""麻烦""打扰""抱歉""没关系""别客气"等礼貌用语,创设友好合作的氛围,使合作得以顺利进行并取得预期的效果。

(2)语言通俗,用语多样

社区工作人员不是专门从事教育工作的专职人员,不可能深刻理解某些教育术语的真正内涵,教师与社区工作人员交流时,应尽量选用通俗直白的语言,避免可能因社区工作人员不明白教师所说的术语、产生畏难情绪而拒绝与幼儿园合作,也避免因对教师所说术语不理解而产生的执行偏差。同时,还要根据具体的接触对象选择不同的语言。接触对象文化水平上有高低之分、态度上有冷热之分、性格上有动静之分,谈话时则可有理论性强与弱的区别、鼓动性高与低的区别、生动性隐与显的区别。

2. 行政协调交际语

教师的校外活动除了联络社区,还会因单位或个人的诸多事宜到各级各类行政部门协调关系、联系工作,这种行政协调交际语要注意以下几方面。

(1)仪态端庄,积极主动

教师到各部门协调工作时,要时时处处注意个人形象,无论是发型、妆容、着装,还是交谈时的眼神、表情、站姿、坐姿、行姿,以及说话的语气、措辞,都要以端庄、自然、稳重、礼貌为原则,以积极主动的态度获得对方的好感。见面时,可以作一些必要的寒暄与自我介绍,有时甚至为了营造气氛,还可以聊些与此行目的无关的话题,但要注意及时将双方谈话的中心转移到自己此行要解决的问题上来。

(2)目的明确,不卑不亢

教师在行政协调时要直奔主题,主要介绍联系工作的主题内容、负责人员、资金投入、执行步骤、存在困难等方面,交谈的目的或征求意见,或请示同意,或汇报进程,或请求支持,或申请资金,或上传结果等,有明确的目的性。教师行政协调时,要克服两种错误倾向:一种是自卑,觉得行政机关工作人员处在职能部门,掌握着解释政策、执行法规、调度经费、安排人事、调配设施等权利,有着巨大的话语权,即便他们对来访的教师态度和蔼、积极配合,教师也会由于自卑而畏首畏尾、缺乏自信;另一种是自傲,认为行政机关工作人员不熟悉业务、不与时俱进,办事教条、思想僵化,功利世故、知识浅薄,言谈举止上有一种居高临下的意味。教师要既不自傲,也不自卑,才能在平等交流中达成共识。

(3)用语得体,实事求是

教师行政协调时的语言要实事求是、恰如其分,不能夸大事实,也不要缩小事实。既不能为了达成协调的目的,片面夸大个人或所在幼儿园的优势,也不能过分谦虚,毫无保留地展示劣势。应该依据事实,真实地向拜访单位的工作人员介绍情况,必要时可以对某些方面进行适当的强化或弱化,但一定要恰如其分,这样才能获得对方的信任而增加协调的成功性。[①]

---

① 曹文.保教结合理念下幼儿园教师专业素养的影响因素研究[D].信阳师范学院,2019:23.

第四章 新时代幼儿园教师的礼仪素养研究

幼儿教师要善于塑造自身良好的专业形象,善于与幼儿、家长、领导、同事等有效地交流与沟通,争取广泛的理解和认可,就必须学习和运用幼儿教师礼仪,架起人际交流的立交桥。本章主要研究新时代幼儿园教师的礼仪素养内容。

第一节 幼儿园教师礼仪概述

一、幼儿教师礼仪

人际交往离不开礼仪,幼儿教育活动同样如此。幼儿教育主要是在与幼儿以及家长的交往过程中完成的,礼仪的运用显得格外重要。

幼儿教师礼仪是幼儿教师在从事幼儿教育活动中,用以展示教师素质与形象,彰显其所在幼教机构的品牌,对幼儿实施基础礼仪教育,对幼儿家长、社会公众表示尊敬与友好的规范与惯例,是一般教师礼仪在幼儿教育活动中的运用和体现。简言之,幼儿教师礼仪是幼儿教师在从事幼儿教育的人际交往中应遵守的自尊敬人的行为规范。

二、幼儿园教师礼仪的特点

幼儿教师礼仪是教师礼仪的一支,就其本质而言属于职业礼仪的范畴。幼儿教师礼仪的特点主要表现在其示范性、传承性、规范性、普适性、操作性、服务性等方面。

(一)示范性

幼儿教师礼仪最为特殊的一大特征,是它具有很强的示范性。幼儿教师是幼儿初谙世事的引领者、启蒙者,更是幼儿学习为人处世的榜样。客观上,无论是幼儿教师的衣着打扮,还是言谈举止、为人行事,孩子们耳濡目染,都会对他们产生潜移默化的教育作用。从某种程度来讲,这就是一种示范的作用。在个人形象占据职业素养的份额越来越重的今天,更需要幼儿教师承担好为人师表、率先垂范的重要角色。唯有重视幼儿教师礼仪,才能胜任幼儿教师这一崇高的职业,正确引领求知、求真、求善、求美的幼儿。[1]

(二)普适性

礼仪是一种人类文明的积淀,它把人们在交际应酬中的习惯做法固定下来,并逐渐形成人们交流沟通的定式。它并不会因为某些人或某个人的意志而发生变化,人们只有遵守它,才能与其他社会成员和谐相处。随着人类社会文明程度的提高,礼仪必将进一步得到广泛普及。

在从事幼儿教育工作中,幼儿教师礼仪具有普遍适用性。每一位幼儿教师都应该遵规而行,举手投足、言谈举止都应该约之以礼,符合幼儿教师的身份和形象。唯有如此,方能得到幼儿、家长、同事、领导以及其他社会人员的认可和协助,愉快地进行人际交流与沟通,获得人际交往的成功。

(三)传承性

每一个国家或民族的礼仪,都是随着国家或民族的历史发展而逐渐形成、发展起来的,都具有自己鲜明的民族特色,幼儿教师礼仪亦然。它是在传承了中国传统礼仪的基础上,将运用在幼儿教师的人际交往中的一系列习惯做法沿袭下来的社会文明现象。

---

[1] 孙思嘉. W市民办幼儿园教师专业素养调查研究[D].长春师范大学,2019:49.

与其他事物一样,在继承传统的同时,作为人际交往的一种形式,它又总是随着社会的发展而发展,随着历史的进步而进步。同时,随着世界各国、各地区之间的交往日益密切,各个国家、地区、民族的礼仪也不断地相互影响、相互渗透,不断地推陈出新,不断地充实新的内容。因此,幼儿教师礼仪也不是一成不变的,我们应当有继承、有扬弃,用发展的态度去对待它。让它更好地表达幼儿教师的自尊、自爱,以及对他人的尊重,更方便幼儿教师与幼儿、家长、同事、领导和其他社会人员的交流与沟通。

(四)操作性

礼仪源于社会实践,又直接为社会实践服务。它注重实际,从社会生活的需要出发。幼儿教师礼仪的一大特征就是:规则简明,实用可行,方便操作,易学易会,而且切实有效。它不故弄玄虚,也不是纸上谈兵,而是既有总的礼仪原则、礼仪规范,又有具体细节上的方式、方法,用来仔细周详地对礼仪原则、礼仪规范加以贯彻,把它们落到实处,使之言之有物,行之有礼。幼儿教师要展现出自己的职业素养、专业精神,就应当从着装庄重规范、举止端庄大方、言谈文雅有礼等简便易学、容易操作的礼仪细节入手,修身践行,有效地传递尊重、友好的情感,给大家留下美好的印象。[①]

三、幼儿园教师礼仪的功能

幼儿教师重视和讲究幼儿教师礼仪,能有效地提升个人素质,塑造良好的幼儿教师形象,有利于人际沟通与交流,同时有利于维护所在教育机构的形象。

(一)内强个人素质,外塑专业形象

学习和讲究幼儿教师礼仪,能够有效地提高幼儿教师的个人素质,体现其对他人和社会的尊重程度,是其学识、修养、才能和价值的外在表

[①] 刘军,闫玉杰,张少华.幼儿教师礼仪[M].长春:东北师范大学出版社,2019:103.

现。思想美、心灵美,才能成就外在美。学习和讲究幼儿教师礼仪,强化外在规范,具备美好的幼儿教师的仪容、服饰、仪态、语言等外在特征,可以有效地提升幼儿教师个人的外在形象,使自己在人际交往中自信稳重、举止文雅、谈吐大方、彬彬有礼,给人留下职业化的美好印象,从而自然地流露出幼儿教师的专业精神和素养。

(二)有利于人际沟通与交流

在幼儿教育活动中,我们每时每刻都离不开与他人的交往。要使我们的人际交往有效且高效,我们必须善于运用幼儿教师礼仪,建立起良好的沟通渠道。心理学告诉我们,每个人都具有获得尊重的意识和需要。重视和讲究幼儿教师礼仪,就是消除人际交往的阻碍,把尊重、重视、真诚和友好传达给对方,与他人建立起良好的沟通渠道,成为幼儿喜爱、家长夸赞、同事愿意与之合作、领导支持、社会认可的受大家欢迎的优秀教师。①

(三)准确地传递个人信息

有的人在人际交往中失礼了,其实并非他内心所愿,而是因为他不懂得怎样来表现自己的礼貌,显得心有余而力不足,手足无措,无法让自己和他人满意。甚至有的人对他人失礼了,自己却毫无察觉,或无法了解和别人的矛盾是怎么产生的,这实在是很遗憾且可悲的事情。

幼儿教师礼仪即在从事幼儿教育的人际交往中,用以表达我们自尊敬人的基本的行为规范。它是在长期的社会生活中积淀而形成的、约定俗成的惯用形式,所有社会成员都能够看懂并理解。所以,掌握和运用幼儿教师礼仪,能够帮助我们准确地传递我们想要传递的信息,达成我们与他人和睦相处的美好愿望。

---

① 申倩琳.民办幼儿园教师专业素养水平现状及其影响因素研究[D].西华师范大学,2019:27.

第二节　幼儿园教师仪容修饰的礼仪

一、职业形象与仪容

(一)塑造完美的职业形象

如何展现幼儿教师的礼貌修养,展示其良好的专业素质?如何展现一家幼教机构组织管理的精细与完善?这必须从每一位幼儿教师的职业形象塑造做起。在人际交往中,职业形象是一个不容忽视的交际因素,因为良好的职业形象如同一份介绍我们自己的说明书。

一流的幼教机构,一定拥有一流的幼儿教师队伍;一流的幼儿教师,一定具有一流的专业形象。可以说,每一位幼儿教师都是其所在幼教机构的形象代表。社会公众对该幼教机构中每一位教师的评价,都直接关系到社会公众对该幼教机构的评价和取舍。[1]

专业化的仪表、温文尔雅的举止、亲切文明的言谈,会给人留下完美的第一印象,会帮助我们赢得幼儿和家长的青睐,赢得社会公众的好评。因为他们更愿意与尊重他们,并使他们感到放心、愉快的专业的幼教机构合作。

(二)注重仪容修饰

想要成为一名优秀的幼儿教师,首先要塑造良好的职业形象。得体的仪容修饰,是塑造良好职业形象的重要环节。

仪容,即个人的容貌,是个人职业形象的重要组成部分,主要包括头部、肢体、颈部等可视的人体肌肤、毛发以及可感的体味。仪容端庄、美丽,不仅源于先天造化之神功,更来自得体的仪容修饰、适度的保养和良

---

[1] 向多佳.幼儿教师必知的礼仪规范[M].北京:中国轻工业出版社,2015:187.

好的学识修养等后天习得之伟力。得体的仪容修饰不但是构成第一印象的主要因素，而且体现了一个人追求美、欣赏美、创造美的学养与修为，体现了幼儿教师真诚友善、敬业乐业、值得尊重和信赖的专业精神风貌。

懂得尊敬他人、热爱本职工作的幼儿教师，一定会在工作时注重自己的仪容修饰。而其展现出来的整洁、得体的仪容修饰，能给人以工作有条理、认真负责、值得信赖的感觉，也能反映其所在教育机构良好的管理水平、教学质量和发展态势。

二、幼儿园教师仪容修饰的内容

(一)发部修饰

发部修饰，是指幼儿教师按照职业要求、自身特点、审美习惯及社会风尚等对自己的头发进行清洁、修剪、护理和美化。

1. 正确护发

秀美、亮泽、健康的头发，是幼儿教师仪容美的标志之一，这需要平时的悉心保养和护理来实现。

(1)经常清洗

要保持头发没有异物，没有异味。

操作：根据自己的发质，选用适合自己的洗发水和护发素，定期对头发进行清洗。不同的发质，清洗的频率是不同的，一般发质大约三四天洗一次，油性发质大约一两天洗一次。[1]

(2)适时修剪

应定期修剪头发。

操作：因季节、自身特点等具体情况各异，修剪头发的频率也不相同。应根据自己的头发生长规律以及发型的要求等定期修剪头发，保持整洁的发型。

---

[1] 田强强. 幼儿园教师素养及其提升策略的研究[J]. 科技风,2018(13):21.

第四章　新时代幼儿园教师的礼仪素养研究

（3）勤于梳理

勤于梳头，就是要养成良好的养护头发的习惯。

操作：每天可定期梳头20次左右。梳头可以使头发保持整洁，也有利于头发的健康生长。

2. 发型的选择

发型是指头发经过一定的修剪、修饰后表现出来的整体形状。它是一种独特的语言，能直观地体现一个人的身份、年龄、个性、气质等特征。发型的选择，应综合考虑自身特点和工作性质，而不宜过度彰显个性、标新立异。

（1）男教师：发型要符合教师形象、个人气质，不夸张。要求前不覆额，侧不覆耳，后不触领，忌留长发、大鬓角、光头。

（2）女教师：前发不遮眼，后发不披肩。发型不夸张，不过于前卫或怪异，不剃光头。不及肩的短发较为职业化。头发过肩的女教师可以束发或盘发，既可避免遮挡视线，也可避免幼儿抓扯。

3. 注重美发

（1）正确护发

头发健康，贵在日常护理。主要方法有梳头、按摩、洗发、修剪等。一般来说，需要注意三点：选择适当的护发用品，正确的护发方法，长期坚持。

（2）脸型与头发协调

根据不同的脸型，以及不同的身高、体型、颈部、肩宽等个人特点，选择、搭配合适的发型，不但可以掩饰脸型的缺陷，还可使脸型、体型与发型相得益彰。只有关注各个细节的完美协调和配合，才能彰显完美的教师形象。

（3）染发适当

"黑眼睛、黑头发、黄皮肤"，是中国人的标志。如果由于早生白发或有一头杂色的头发，将其染黑是必要的，也是符合礼仪规范的。但是，如果是为了追求时尚而将头发染成其他颜色，就应该慎重为之，应自觉摒弃艳色以及过分夸张的发色。

女教师还要慎用发饰。为了管束头发或美化需要而戴发饰时，所戴发饰的颜色和花饰应该大方得体。勿用卡通、动物等较大型的装饰，以免给人幼稚、不专业的印象。

(二)面部修饰

面部修饰的基本要求有三个：洁净、健康、自然。

(1)眉部修饰

进行眉部修饰时，重点应当注意两点：

眉形的美观：不仅眉形要正常而优美，而且眉色应与发色协调一致。

操作：对于那些不够美观的眉形，应采取措施，进行必要的修剪、剔除与修饰。

眉部的清洁：要注意防止在自己的眉部出现诸如灰尘、死皮等异物。

操作：注意清洁眉部，保持眉部的洁净与整齐。

(2)眼部修饰

眼睛是心灵的"窗户"，是他人关注的焦点。眼部的修饰至关重要，好的眼部修饰可以使人感觉精神抖擞、神采飞扬；失败的眼部修饰则可能造成慵懒、没精打采的形象。

重视眼部的保洁：

操作：要时刻注意眼部的洁净，尤其要注意去除眼角的分泌物。

注意用眼的卫生：

操作：养成良好的卫生用眼习惯，注意保持眼部卫生。注意休息，不要让眼睛充满血丝。

讲究眼镜的佩戴：

操作：为了矫正视力、保护眼睛或追求时尚而佩戴眼镜，除了考虑眼镜的使用价值外，还要考虑其质料是否精良、款式是否适合自己。工作时，宜选择无色镜片。室内慎用墨镜等有色眼镜。

(3)耳部修饰

注意清洗耳部，保持耳部的清洁状态：

操作：定期进行耳部除垢。若耳朵里堆积的分泌物或尘土过多，是极不雅观和不卫生的。此外，切忌在工作场合或当着他人的面掏挖耳垢。

(4)鼻部修饰

去除鼻涕：

操作：切勿当众以手去撮鼻涕、挖鼻孔、乱弹或乱抹鼻垢，更不要用力回吸。有必要去除鼻涕时，应避人进行，宜以手帕或纸巾进行辅助，同时要注意控制声音。

清理"黑头":

操作:为了避免"黑头"的生成,平时应认真清洗。有必要清理"黑头"时,切勿乱挤乱抠,造成局部感染,可用"鼻贴"等将其除掉。

修剪鼻毛:

鼻毛长到一定的程度会冒出鼻孔之外,这样既不美观也有失风雅。

操作:注意定期修剪鼻毛。

(5)口部修饰

口部是面部的关键部位,是人体兼职最多的器官。口部的清洁和卫生至关重要,应该引起充分重视。

保持牙齿的清洁、卫生和美观:

操作:勤于刷牙,定期洗牙。

保持口腔洁净、气味清新:

操作:要注意经常漱口,保持口腔洁净,没有异物。

同时,工作期间忌吃大蒜、大葱、韭菜等有刺激性气味的食物,杜绝异味。若已经食用,宜在开始工作前刷牙或使用专用漱口水、口香糖等,清理口腔,排除异味。

注意嘴唇修饰:

操作:应注意避免嘴唇开裂、掉皮、嘴角起泡和出现残留物。保持嘴唇润泽美丽,要注意水分的补充。尤其是在冬季,应避免舔舐嘴唇。

定期修剪胡须:

操作:男教师一定要注意定期修剪胡子,养成每天修面剃须的好习惯。"不修边幅的人是没有影响力的。"

(三)肢体修饰

肢体,是幼儿教师在进行幼儿教育活动过程中动作最多的部位,因此对肢体的修饰不容忽视。

1. 颈部修饰

颈部紧邻面部,是最重要的审美中心之一,也是最容易显现一个人年龄的地方。

操作:平时要和脸部一样注意清洁和保养。

2. 手部修饰

亨利·弗因克说："手与脸一样，是一个人的气质、爱好及从事职业的最好介绍。因此，我们可以称手为人的第二张脸。"在日常工作和交际活动中，手往往充当了"先行官"的角色。

操作：要勤洗手，随时注意保持手和手臂的洁净，同时，还要重视手臂的保养与修饰。

3. 腿部修饰

有言道："远看头，近看脚。"进行腿脚修饰，应做好以下几点。

注意下肢清洁：

操作：勤于洗脚，勤换袜子，勤换鞋子。

不光腿，不光脚：

除夏天穿凉鞋外，一般情况下，应不光腿、不光脚。在某些重要场合，还应不露脚趾、不露脚跟。

适当美化：

操作：为整体协调，对下肢进行常规的美化处理是非常必要的，首先要注意腿毛。穿裤装时，可以配长袜脖的袜子；着裙装时，应穿长腿袜或连裤袜；夏天穿凉鞋时，可以适度修剪腿毛。其次，要定期修剪趾甲，保持干净整洁，但工作时忌画脚部彩妆。

(四)化妆修饰

1. 淡妆上岗

适当的化妆，是一种礼貌行为。淡妆上岗，可以使人更年轻、健康，更有精神与活力，是一种自信的表现，能够展示幼儿教师自尊敬人的良好职业素质；也是出席正式场合的礼仪要求。

同时，幼儿教师都能够淡妆上岗，也展现了所在幼教机构的组织管理水平和实力，是组织管理完善的表现。

2. 两项基本标准

淡雅：

化妆修饰时，用笔要轻、淡，追求与自然肤色的协调，不宜浓妆艳抹，要讲究"度",不使用气味过浓的化妆品。

"淡"是手段,"雅"是结果。

避短:

淡妆的底线是避短。化妆如果不能有效避短,就达不到化妆的目的。

3. 化妆品的选择

化妆品的选择标准是适合自己。

化妆品种类繁多,主要有两大类,即基础性化妆品和修饰性化妆品。

选用化妆品,除了根据用途选择外,还要注意:选用与自己肤色相近色彩的化妆品;根据自己的皮肤性质选用化妆品;根据化妆品的质量选用,切忌使用假冒、伪劣产品,以免损害皮肤。

4. 基本程序和方法

(1)清洁皮肤

操作:用选好的洗面奶或清洁霜清洗面部和颈部肌肤。水温不要过高。洗脸时动作要轻柔,手的动作应是顺着面部肌肉的方向,从里向外,从下向上。

(2)拍化妆水

操作:清洁完面部之后,在面部涂拍化妆水,补充水分,收缩毛孔。

(3)护肤

操作:选择适合自己肌肤的应季的乳液或营养霜等,均匀涂抹,滋养肌肤。

(4)打粉底

操作:粉底的颜色宜与自己真实的肤色相匹配,涂抹应均匀。同时,打粉底的时候,不要忘了脖子与耳部的修饰。

(5)画眼线

先上后下,上重下淡,紧贴眼睑边缘描画。

操作:先画上眼线,从睫毛底部,用黑色或褐色眼线笔由内眼角画到外眼角。注意把镜子放低,眼睛向下看,在眼睑最边缘处画上眼线。

画下眼线时,由外眼角画到内眼角的三分之二处,避免全画上,将眼睛包围。注意把镜子抬高,眼睛向上看,沿着下睫毛根部画上细细的眼线。

(6)画眼影

选择颜色合适的眼影,选择的颜色不宜过分鲜艳。

操作:职业妆,宜选择咖啡色系、粉色系等淡雅的色彩来修饰。眼影要有层次感。

(7)描眉

眉毛的化妆需注意依序进行。

操作:在描眉之前要先进行修眉。用眉刷把眉毛整理好,然后用专用的镊子把多余的眉毛拔去,最后还要对过长的眉毛进行修剪。

描绘的眉形,应该综合考虑自己的年龄、性格、脸型和眼睛大小。

用眉笔画眉时,不要画成一条线,要一根一根地画,表现眉的质感。眉毛要中间浓、两头淡,这样所描之眉才更富有立体感。

要注意眉毛的对称美。描好之后,要用眉刷轻轻刷匀,并检查是否对称。

5. 化法禁忌

化妆禁忌主要有以下三个方面。

(1)不分场合,随意化妆

三不宜:不宜当众化妆,这是公共道德问题;不宜在工作场所化妆,这是职业道德问题;不宜当着异性的面化妆,这是个人修养问题。

(2)不重维护,残妆示人

应努力维护妆面的完整,养成随时维护妆面的习惯,不要出现残妆。这既是对自己的尊重,也是对他人的尊重。

(3)技法错误,胡涂乱抹

化妆的目的是美化自己,它体现着人的审美情趣、修养、气质和职业素养,所以不可轻视。幼儿教师要多学习化妆技法、提高自身修养,切不可胡乱涂抹。

第三节 幼儿园教师的服饰礼仪

一、男教师着装技巧

(一)男装的选择

(1)款式:男教师职业装一般有制服、西装、中山装、夹克配长裤等。正式场合的着装,首选是西装套装。日常工作中的着装,以休闲西装、夹克、衬衫配长裤居多。

(2)面料:男装面料常用的有毛料、棉质、麻质、丝绸、化纤混纺等。职业装的面料宜挺括、有质感。西装首选的是毛料,最好是100%的毛料,或至少70%的毛料或毛与丝的合成材料等。

(3)色彩:色彩应庄重、正统,给人可信任感。男教师的外套多使用蓝、深蓝、灰、深灰等中性色,以纯色为主,也可用精致的条纹、暗纹等。衬衫多选择单一色彩的高支精纺的纯棉、纯毛制品或混纺衬衫,也有条纹、方格、暗纹等可选。白色衬衫配西装是正式场合男教师的首选。[①]

(4)尺寸:穿着一定要合体。过大、过小、过紧、过松的衣服都会破坏男教师的形象。

(二)西装的种类

按照西装的件数来分,西装有一件(一衣)、两件套(一衣一裤)与三件套(一衣一裤一背心)之分。按照传统看法,一件西装(配以各种西裤)属休闲型,三件套西装比起两件套西装显得更加正式一些。

(三)细节

(1)整体:熨烫平整,整洁干净,搭配合理,系好纽扣,口袋里少装东西,裤腿缝应拉直。若穿西装,看上去要美观而大方,首先是要使其显得平整而挺括,线条笔直。参加重要活动前,要避人自查。

(2)衬衣:衣扣、袖扣应扣好,领扣可不扣。下摆应塞入裤腰内,不能露出一部分在外面。若穿西装,内里必须穿长袖衬衣;打领带前应扣好衣领和袖口处所有的纽扣;在某些轻松场合可不系领带,不扣领扣。衬衣、西装的袖口不要卷起,不要卷裤管,否则会给人粗俗之感。

(3)鞋:一般选择盖式、系带式皮鞋或休闲鞋,鞋的颜色应与裤装同色或色深,以搭配黑色鞋或深色鞋居多。没有任何图案的黑色的光面的系带的牛皮皮鞋,最适合于西装套装的配套。穿鞋时应做到:鞋内无味,鞋面无尘,鞋底无泥,完好无损,尺码恰当。

(4)袜:穿皮鞋或休闲鞋时,袜色以深色、单色为宜,应与鞋色一致。

---

① 张琪.幼儿园教师评价素养研究[D].西南大学,2018:39.

最好是纯棉、纯毛制品,混纺袜子也可以选用。袜子要干净、完整、成双、合脚。一般而言,袜脖子的长度以坐下来不露出腿部皮肤为好。

二、女教师着装技巧

(一)女装的选择

职业化的装扮,可以彰显女教师与众不同的气质,能够恰如其分地展示她们认真的工作态度和温婉大方的女性美。

(1)款式:多选择西服套裙、款式多样的两件套裙、裤套装、连衣裙、上衣配裙或长裤等。在正式场合,西服套裙是首选。

(2)面料:常用毛料、丝绸、棉质、麻质、化纤混纺等。基本要求:不起皱,不起球,不起毛。

(3)色彩:一般选择的颜色以冷色调为主,宜运用三色原则。基础色:黑色、白色、灰色、咖啡色、米白色、暗红色、蓝色等,显得典雅、端庄。现代女装色彩丰富,宜根据场合、角色等需要精心搭配。

(4)款式:女装款式千变万化。常见的造型有:H形、X形、A形和Y形等四种,且在上衣领、扣和裙的式样上多变化。女教师应根据场合和身份等要素,并兼顾个人体型、脸型和喜好等,做出最佳的方案。

女教师在日常工作中的着装,可选择符合幼儿教育职业特点的、活泼大方、颜色鲜艳且便于活动的休闲款型。

(二)穿着与搭配

(1)整体:熨烫平整,整洁干净,搭配合理,系好纽扣。

(2)衬衣:以单色与套装匹配最常见。花色衬衫应注意与色彩协调的外套搭配。穿着时,应衣扣整齐。除最上面的一粒纽扣外,其他纽扣应系好。不随便挽袖挽裤。

(3)丝巾:女性常用丝巾做装饰或点缀。丝巾不同的颜色、款式和结法,可使女装增加几分俏丽、时尚和活力。

(4)袜子:穿裙装时,宜选用中性色(肉色、灰褐色、浅灰色、骨色或黑色等)的单色袜,较肤色略深,应避免露出袜口,宜用连裤袜。穿裤装时,宜选择与裤子的颜色协调的短袜,最好是纯棉、纯毛制品,混纺袜子也可以选用。袜子要干净、完整、成双、合脚。

(5)鞋:鞋的颜色宜与上衣或裙、裤同色或色深。一般穿套装、裙装,以半高跟、高跟的船式或盖式皮鞋搭配为宜。女教师带班时,宜穿平底鞋、坡跟鞋等较舒适的鞋,忌穿拖鞋、响底鞋,忌赤脚或趿拉着鞋。同时应做到:鞋面无尘,鞋内无味,鞋底无泥,完好无损,尺码恰当。①

此外,鞋袜不可当众脱下,随意乱穿。

(三)着装忌讳

一忌露。忌讳身体的某些部位(如胸沟、腋窝、大腿)过于暴露,这样很不雅观。

二忌透。忌讳内衣、内裤等若隐若现,甚至一目了然,给人轻佻感。

三忌短。忌讳着装过分短小,这样不仅会使身体有所裸露,而且会给活动带来不便,也不雅观。

四忌紧。忌讳着装过于紧身,这样会使自己"原形毕露",线条突出,未免有故意展示自己性感之嫌。

第四节　幼儿园教师仪态的礼仪

一、微笑

在体态语言中,面部表情是最丰富、最具有表现力的,它能够充分、迅速而又灵敏地表达人的各种思想、感觉和情绪。面部表情是由眉、眼、嘴和面部肌肉等综合运动形成的。在公共传播中,面部表情主要是通过目光和微笑传递信息的。

◎微笑适度

操作:初次见面时,应亲切微笑,面带笑意,笑不露齿;与他人交流时,应保持温馨的微笑,嘴角微微上扬,稍微露齿,让人感觉到尊重、友善、亲切与热情;与他人合作成功、送客时,应显露愉快的微笑,自然地露

---

① 向多佳.幼儿教师必知的礼仪规范[M].北京:中国轻工业出版社,2015:103.

出牙齿。

微笑应是面带笑容,不出声,热情而亲切,应是内心情感、修养的自然流露,而非傻笑、奸笑、大笑、狂笑或假笑等。

◎表里如一

操作:在工作中,应保持良好的心境和情绪。微笑,不仅要挂在脸上,而且要发自内心,做到表里如一,而不能"皮笑肉不笑"。

◎整体配合

操作:面含微笑时,还必须注意面部其他部位的相互配合。协调的微笑,应同时做到双眼睁大且目光柔和,眉头舒展,眉毛微微上扬,整体感觉应"眉开眼笑"。

◎重视场合

操作:坚持微笑迎送与接待是对幼儿教师工作总体的要求。在具体工作中,还必须重视交往对象的具体情况。在有些场合,面对某些人或事件,我们往往不能微笑对待。例如,在进入气氛庄严肃穆的场所时,在面对他人的不幸时,在因幼儿违反纪律而对其进行教育或处罚时,在看到对方因出了洋相而感到尴尬时,在看到对方有某种先天性的生理缺陷时,在对方满面哀愁时,在面对重伤病人及其家属时,在悼念场合或殡仪馆中时……遇到这些情况,如果面露笑意,往往会使自己陷入十分不利、十分被动的处境。

二、端庄的站姿

站立是人们生活中最基本的举止,是人体静态的造型动作,是优美仪态的基点,是表现举止动态美的基础。

幼儿教师正确规范的站姿,给人以挺拔端庄、舒展优美、自信大方的感觉,给人可靠诚信、脚踏实地、值得信赖的印象,能够展现出幼儿教师美好的个人气质与风度。同时,幼儿教师站姿端庄大方,易于给幼儿树立良好的榜样,有利于孩子们健康成长。

(一)站姿规范"十要点"

站姿规范的要点如下:

(1)头正。抬头,双目平视前方,面带微笑。嘴微闭,下颌微收。精神饱满,表情自然。

(2)颈直。脖颈挺直,防止头位不正,偏左、偏右或偏前,防止无精打采。人体有向上的感觉。

(3)肩平。双肩放平、放松,保持水平,并微微向后下压,自然呼吸。

(4)胸挺。

(5)腹收。

(6)腰立。

(7)臀收。

(8)腿直。

(9)脚靠。

(10)手垂。两手臂自然下垂于体侧,手指自然弯曲。亦可搭于腹前或置于背后。

(二)男教师常用站姿

(1)基本站姿:身体直立,抬头挺胸。双目平视前方,面带微笑,嘴微闭,下颌微收。膝关节挺直,两腿、两脚微分开,呈"V"形。两手臂自然下垂于体侧,手指自然弯曲。

(2)握手站姿:身体直立,抬头挺胸。双目平视前方,面带微笑,嘴微闭,下颌微收。膝关节挺直,两脚间距离同于或小于肩宽,呈"V"形。右手搭在左手上,或右手握住左手,轻贴于腹前。

(3)背手站姿:身体直立,抬头挺胸。双目平视前方,面带微笑,嘴微闭,下颌微收。膝关节挺直,两脚间的距离等于或小于肩宽,呈"V"形。右手握住左手,轻贴于后背臀中位处。

注意:日常交往时,站久后可变换站姿。站累时,单腿可以后撤半脚,身体重心可前后移动,双腿保持直立。但不宜频繁地变换姿态,给人不稳定、缺乏耐心之感。

(三)女教师常用站姿

(1)基本站姿:身体直立,抬头挺胸双目平视前方,面带微笑,嘴微闭,下颌微收。两腿并拢,膝关节用力挺直。脚跟相靠,双脚呈"n"形、"v"形或"丁"字形。两手臂自然下垂于体侧,手指自然弯曲。

(2)握手站姿:身体直立,抬头挺胸。双目平视前方,面带微笑,嘴微闭,下颌微收。两腿并拢,膝关节用力挺直。脚跟相靠,双脚呈"n"形、"v"形或"丁"字形。右手搭在左手上,或右手握住左手,轻贴于腹前。

注意:日常交往时,站久后可变换站姿。女士可一脚斜或弯,一脚直立,但也不宜频繁地变换姿态,给人不稳定、缺乏耐心之感。

第五节　幼儿园教师日常交往的礼仪

一、与家长交往

家长对于幼教机构来说,是一个特殊而重要的群体。做好家长的工作,是幼儿园工作的重中之重。幼儿教师应本着尊重、平等、合作的原则,争取获得家长的理解和支持,并引导家长主动参与到幼儿教育中来。

(一)接待常规

接待家长,应注意的礼仪常规如下。

(1)迎接家长和幼儿来园时,宜起身向前,微笑问候,点头致意,或施15°鞠躬礼,也可行握手礼。

(2)与家长谈话时,要控制音量,并保持1米左右的距离,认真倾听家长的叙述。要营造宽松的氛围,以平等的身份与家长交谈。

(3)家长来访时,应立即起身相迎,主动询问、了解情况,提供力所能及的帮助。若个人解决不了,应及时向相关人员或领导反映问题,尽快给予家长答复。

(4)对家长要热情,大方有礼。对家长的要求,要尽量提供方便;对家长的意见,要虚心接受;对家长的感谢,要礼貌地回应,但不得接受家长的礼品。

(5)教师要尊重家长,主动与家长沟通,共同合作,以促进幼儿的身心健康发展。平时要建立与家长联系的平台,通过家长联系本、电话、邮件、QQ、微信等,及时与家长沟通信息,双方合作对孩子进行教育。

(6)与家长交流时,对孩子的评价一定要客观、全面,既肯定优点与进步,也要真诚地提出不足之处。交谈中不要与别的幼儿进行比较。谈完后,要肯定此次沟通的收获。

(7)与少数民族家长、有不同宗教信仰的家长交流时,要注意尊重他们的文化、信仰、习俗,以及生活习惯、思维习惯等。切忌另眼相看、区别对待。要用充满智慧的方式让他们感受到尊重、温暖和平等。

(8)送别家长及幼儿离园时,应微笑道别,点头致意,或施30°鞠躬礼,也可行握手礼。目送家长及幼儿远行时,可致招手礼。若条件允许,可送至门外。与家长交流时,应态度热情、神情关注。

(二)家长会礼仪

幼儿园要定期召开幼儿家长会,以总结、汇报幼儿教育的阶段性情况,让家长了解幼儿在园的成长状况。还要组织一些开放日、公开教学、亲子活动,或开办家长学校,使家长了解幼儿园工作及孩子各方面的表现,向家长介绍科学育儿知识,促进幼儿的健康成长。①

(1)应提前书面通知家长,说明活动的主题和重要性、具体时间和地点,以及需要做的准备。

(2)在家长会或活动中,要努力创设和谐氛围,注重情感的作用。

(3)多给家长发言的机会。与家长应平等交流,友好协商。要记录家长的宝贵意见。

(4)重视会后反馈。要保障家长留言、家长邮箱等反馈意见的途径畅通,或通过跟踪电话、QQ、微信等方式对家长进行回访,广泛、及时地收集家长意见,以利于幼儿园工作的改进。

二、与同事交往

(一)尊重同事

相互尊重是处理好任何一种人际关系的基础,同事关系也不例外。同事关系不同于亲属关系,一旦失礼,就很难弥补。因此,处理好同事关系,最重要的就是尊重对方。

---

① 张春炬.幼儿教师的家长工作技巧[M].北京:中国轻工业出版社,2014:129.

(1)要以礼相待、互相尊重。不对同事盛气凌人、指手画脚。真诚、平等相待,一视同仁,不搞宗派,不伤害、打击他人。要相互支持,相互体谅,相互提供方便,相互关心。

(2)上班时,进入幼儿园见到园里的工作人员,均应问"你好""早上好",或微笑、点头致意。下班离开时要互道"再见"或"明天见"。

(3)有事需要同事帮忙要礼貌为先,事后一定要说声"谢谢"。

(4)要尊重同事的人格、同事的物品所有权以及同事的工作。提出意见的方式,可以是:"我对这件事有看法,因为……"提出建议的方式,可以是:"我想,能不能这样……仅供参考。"

与同事交流时,应积极主动、热情参与、认真探讨。

(二)称呼得体

在办公室里,同事之间一般以名字相称,对于德高望重的人或者位高权重的人,要以职衔或冠以"先生""老师"之称。

此外,上司对下属或长辈对小辈,也不要直呼其名。按照我国的习惯,同事间称呼"老×"或"小×"比较合适。

在幼儿面前,对同事一般不直呼其名,应从幼儿的角度称呼"×老师",忌用生活中的称呼"小×""老×"等。

要特别注意的是,同事之间不能随意给他人起绰号。更不能在幼儿面前,用绰号、乳名、小名等称呼同事。

办公室里的交往原则
- 微笑多一点
- 嘴巴甜一点
- 动作轻一点
- 说话柔一点
- 行动快一点
- 办事稳一点
- 脑筋活一点
- 效率高一点
- 肚量大一点
- 凡事忍一点

第四章　新时代幼儿园教师的礼仪素养研究

(三)关心帮助

同事有困难,通常首先会找亲朋好友帮忙,作为同事,遇到这样的情况应该主动询问,对力所能及的事情伸出援助之手。这样会增进双方的感情,使关系更加融洽。

互助是美德,但物质上的往来应该一清二楚。同事有了困难大家互相帮助是一种美德,但是不到万不得已,最好不要向同事借钱,如果确实需要帮助,应该做好记录并及时归还。如果所借钱物不能及时归还,应每隔一段时间向对方说明一下情况,不要让对方引起心理上的不快,而影响自己在同事心目中的人格。

(四)保持距离

同事之间相处,要保持一定的交往距离,给对方和自己一个放心的空间。尊重同事,不干涉个人私事。

操作:别人"办公"时,最好离得远一些;看到同事写东西或是阅读书信时,不论知悉与否,都应该自觉走开;在同事不在或未经允许的情况下,不要擅自动用同事的物品,如写字台、抽屉、文件、电脑等,要尊重他人的"私人天地"。如果确实需要找东西,而主人又不在,应该找第三人一块儿去,事后必须向主人说明情况并表示歉意。

在同事工作时,没有重要的事情,不要去打扰他,更不要有事没事地随意询问,以免打断别人的思路或造成尴尬局面。与异性同事相处要讲究分寸,避免造成误解和麻烦等。所谓"君子之交淡如水",只有在相互尊重的基础上注重相处的礼节,同事之间的关系才能融洽和长久。[①]

(五)公私分明

在幼儿园工作期间,应正确地区别对待各种情境。

(1)学习、开会要准时到,手机关闭或调至静音,专心聆听,认真做笔记,真诚交流,适时鼓掌。忌迟到早退,讲闲话,发短信,打电话,玩手机,吃东西,乱丢纸张,起坐过猛,拍桌摔物,随意进出,结束时座椅不归还原位等。

---

① 钱丹.昆明地区幼儿园教师幼儿文学素养调查研究[D].重庆师范大学,2017:38.

(2)分清办公室公共区域和个人空间,不得占用公共区域,以免给同事造成麻烦。保持办公桌整洁、美观大方,避免陈列过多的私人物品。使用物品时,要轻拿轻放。办公室内谈话要控制音量,尽量不影响他人办公。不在办公室进行娱乐活动。不在办公室抽烟、吃零食、刮胡子、梳妆打扮。尽量避免在办公室就餐,迫不得已在办公室用餐,也要快速进行,用餐完毕要立即清除桌面上的剩余食物,打开窗户进行通风。

(3)节约水电,按需用电,及时关水,忌损坏浪费。

三、与领导交往

在工作中,与领导相处是要讲礼仪的。和领导处理好关系,对自己的工作是非常有帮助的。处理好与领导的关系,具体包括以下几个方面。

(一)维护领导的尊严

维护领导的威信,主动配合领导工作。

操作:无论在什么场合,与领导说话都要有分寸,不要随便开玩笑。要尊敬领导,他既然是领导,必定有他的能力,说明他身上有很多值得我们学习的地方。

不顶撞领导,不在背后议论领导的是非,更不能散布对领导的不满情绪。对领导工作中出现的失误,应宽容、体谅。

不要在几个领导之间有意无意地形成亲疏关系。

(二)遵守必要的礼节

无论在什么场合与领导相处,都应讲究必要的礼节。

(1)见到领导应该趋前打招呼。近距离相处,宜微笑点头,或致以15°鞠躬礼,并用礼貌用语打招呼。如果距离远,不便呼叫,可注视之,当目光相遇时,应微笑点头或招手致意。途中碰到领导,佯装看不见而避开,或自觉矮人半截,或自命秉性傲岸,都是有损于人际交往精神的。避而不见,显得畏畏缩缩或鬼鬼祟祟,有失大方、礼貌。

(2)无论在幼儿园内或园外,只要领导在场,离开的时候,记得一定要跟领导打声招呼——"对不起,我先走一步了",或者说"再见",以示

第四章　新时代幼儿园教师的礼仪素养研究

敬意。

(3)领导进入办公室时,要起立迎接,微笑着问好,待领导就座后再坐下。主动接受领导检查或布置任务,领导离开时应主动开门并说"再见"。

(4)进入领导的办公室,要敲门,得到许可才能进入。如果正遇到领导与他人交谈,但有急事需要马上请示,可以说:"对不起,打扰了……"如果领导正在低头批阅文件,切忌探头探脑或用眼睛乱瞟。开门、关门要轻,避免发出响声。离开领导办公室,要随手将门关好。[①]

(5)接待上级领导,进行座次排列时,不仅要重视运用具体的礼仪技巧,如居中为上、前排为上、面门为上,而且应当注意内外有别、中外有别以及主随客便等三大要点。

(6)迟到、早退与请假,都应该尽量自己写假条或打电话,向领导本人报告,不要请家人或同事传话。请假应自觉履行幼儿园的请假手续。

(三)服从指挥,积极工作

(1)愉快地接受领导布置的任务,详细记录、认真办理、及时汇报。

(2)要认真理解领导的指令和要求的意图,切莫机械行事。出了错,不要找借口,更不能说"是您叫我这样做的呀"。领导说话时,不要插嘴,更不要在挨批的时候插嘴。要学会自我检讨,不能推诿责任。要做到不为失败找借口,只为成功找方法。

(3)遇事要及时向领导请示、汇报,依指示妥善处理,不可自作主张或"假传圣旨"。

请示工作不要越级,处理正常公务不得擅自越位,以免造成不必要的麻烦和纠纷,即使遇到紧急事务越级上报或越级接受指示,也要在事后及时向直接领导说明情况。

[①] 王向红.幼儿教师的核心素养[M].北京:中国轻工业出版社,2017:168.

第五章 新时代幼儿园教师的创新素养研究

创新是指以现有的思维模式提出有别于常规或常人思路的见解为导向,利用现有的知识和物质,在特定的环境中,本着理想化需要或为满足社会需求,而改进或创造新的事物(包括产品、方法、元素、路径、环境),并能获得一定有益效果的行为。在新的时代发展背景下,幼儿园教师需要提升自身的创新素养,从而更加有效地为幼儿的全面发展服务。

第一节 创新概述

一、创新的内涵

创新是以新思维、新发明和新描述为特征的一种概念化过程,其起源于拉丁语,有三层含义:第一,更新;第二,创造新的东西;第三,改变。

创新是人类特有的认识能力和实践能力,是人类主观能动性的高级表现,是推动民族进步和社会发展的不竭动力。一个民族想要走在时代前列,就一刻也不能没有创新思维,一刻也不能停止各种创新。

创新概念包含的范围很广,可以说各种能提高资源配置效率的新活动都是创新。其中,既有涉及技术性变化的创新,如技术创新、产品创新、过程创新;也有涉及非技术性变化的创新,如制度创新、政策创新、组织创新、管理创新、市场创新、观念创新等。

第五章　新时代幼儿园教师的创新素养研究

二、创新的重要性

创新的重要性不言而喻，习近平总书记历来十分重视创新和创新思维，他指出，"纵观人类发展历史，创新始终是一个国家、一个民族发展的重要力量，也始终是推动人类社会进步的重要力量"。自1978年改革开放以来，中国GDP总量从3645亿元到2020年的101.59万亿元，人均GDP从381元到2020年的72447元，中国经济总量飞跃式增长，国力大幅提升，人民生活水平逐渐提高，这来之不易的进步和成就源于改革开放的重大创新举措和40多年来中国特色社会主义道路的创新实践。

我们此处谈论创新的重要性，更多是说培养创新思维的重要性，有了创新思维才有创新的产物——创新商品、创新服务或者一种创新思想。创新是宝贵的，它帮助我们随时可以根据实际形势应变；创新是解决方案，是答案，是面对难题时的法宝；创新是迭代更新，无数的创新推动着社会的进步。

1. 创新可以应对多变的挑战

YOU CAN SEE IT 的作者曾说过，现在的小学生，大多数人未来要从事的工作，现在还没有诞生，意思是社会发展变化，而且是飞速发展，快到15—20年离开学校后，他们面对的就业环境，跟现在会有很大的变化。特别是互联网、人工智能、5G等新技术与传统产业融合后，许多纯粹重复劳动的岗位，慢慢被机器所替代，那么毕业生去往哪里？比如金融类专业的毕业生有一部分去往银行从事柜员的工作，有了人工智能以后，诸如开卡业务，原本需要客户先填好单子，然后由银行柜员根据客户申请单信息，完成银行内操作系统的填写，完成后，会将客户信息记录到一张新的银行卡，系统完成流程后，新卡交给客户即算完成开卡。而如今，我们去很多银行，一进大门，客户经理会问你，需要办什么业务，如果是开卡和存款类的简单业务，他们就会引导你去智能机器处办理，这样可以节省客户的排队时间，提升服务效率，也会减少相应岗位的人员需求，也意味着减少了银行在人工雇员部分的成本，完成了低技术含

量岗位机器对人的替代。[①]

所以15—20年前人工智能没有像今天这样普及时,要培养一群孩子未来在金融行业从业,和今天培养一群孩子未来在金融行业从业,学校的课堂教的一样吗？如果纯粹只是教书本上落后的知识,如果只是考核记忆能力,那么课堂内容肯定是不同的,因为他们所处的时代发生了变化。如果培养的是一种创新思维,比如遇到什么问题,现有什么条件和资源可以利用和转换,现有的条件是否足够解决,当无法解决时,为什么不能解决,难点在哪里,需要引入什么新方法、新技术、新思路或者其他新元素,那么这种思维应该能适应任何时代,因为它可以面对变化的问题,时代在变化,变化着的时代中各种问题层出不穷,当已有的方法无法适应新的变化的时候,永远需要新思路、新方法,因为创新可以面对动态的问题和挑战。

这里再举另外一个例子,1975年,仙童半导体公司的工程师摩尔,提出芯片上集成的晶体管数量将每两年翻一番,进一步地,著名的摩尔定律提出"当价格不变时,集成电路上可容纳的晶体管数目,约每隔18个月便会增加一倍,性能也将提升一倍"。摩尔定律揭示了信息时代下科技更新换代的速度。时代在变革,在发展,也充满挑战。2020年第二季度,中国的华为手机份额达到全球第一,在公布这一消息的同时,华为高级副总裁余承东还公布了另一个让市场充满忧虑的消息"华为没有芯片了"。这是美国对中国华为公司实施制裁后,华为被列入"实体清单",谷歌、英特尔、高通等公司暂停向华为提供硬件、软件和技术服务等,美国针对华为宣布制裁新规,要求所有使用美国技术以及美国设备的代工企业,在为华为生产芯片时都需要向美国进行申请,这意味着原本为华为代工芯片的台积电如果要继续为华为生产芯片,需要经过美国的同意,而芯片属于高端制造业,大部分的专利技术掌握在美国人手中,即使台积电只是代工,需要使用相应技术,特别是核心技术时,需要经过美国相关技术公司的认可,但是美国对华为实施制裁后,所有美国公司相继暂停与华为合作,华为就被"卡住了脖子",芯片于手机相当于大脑,没有高端芯片,也就无法为市场提供高性能手机,对发布会上余承东的讲话,媒体喜欢用"悲壮"两个字来形容。

---

① 崔志月.幼儿园教师融合教育素养的研究[D].华中师范大学,2016:19.

第五章　新时代幼儿园教师的创新素养研究

创新是主动顺势而为。时局在变化,观念在变化,30年前,也许你能接受坐火车历经28个小时从郑州到广州,买到票难上加难、等车时人挤人,坐上也舒服不到哪去,2020年底前,京沪高铁推出"静音车厢"及"计次季票"等新型票制产品,同步实施灵活折扣、有升有降的市场化票价机制,升级后的系列服务举措为旅客出行提供了更多选择。中国高铁成为中国新四大发明的代表,什么促使它一次又一次地自我迭代和创新——顺势而为,顺应时代发展规律和步伐,提供相应的产品和服务,以满足日益增长的消费者需求。另一个例子蚂蚁金服,2020年10月蚂蚁金服正式登陆中国科创板,并且在上市前将"蚂蚁金服"更名为"蚂蚁科技",意味着它将自己的定位从"小微金融服务"转型到"金融基础设施"的技术提供者,这又是一次新的挑战,新的目标,新的征途。

2. 创新是以开放面对变化和挑战

"我们没有做错什么,但是不知为什么,我们输了",这是诺基亚CEO约玛·奥利拉说的一句话,后来被广为流传,成为各个行业强调趋势的经典案例。2011年,由于长期坚守塞班这个封闭的智能操作系统、不与安卓系统合作等原因,诺基亚手机被苹果和安卓系统超越,错失世界第一的宝座。最终在2013年,微软以约70亿美元的价格收购了诺基亚的手机业务和相关专利,是这个创建于1865年的百年企业退出手机业务的最后一幕。

3. 创新是面对时代变化的武器

时代是隐形的变速器,同频则是加速器,脱颖而出,就如同小米董事长雷军那句话"站在风口,猪都能飞起来",逆势则是减速器,速度越来越小,甚至倒退,当毫无价值时,则会被淘汰。道理很简单,然而难处就在于,如何把握分析趋势、把握趋势,2000年前后诞生了一批中国最早的互联网公司,阿里、腾讯、百度、网易、搜狐等,他们把握住了第一波中国互联网的趋势,就在许多创业者要成为第二个阿里、腾讯、百度、网易、搜狐的时候,有3个年轻人,在互联网领域开辟了另一番天地,2010年,1979年出生的清华毕业经历过数次创业的王兴创建了美团网,开辟了互联网下本地生活服务的新领域,并且在百团大战中成功突围;2012年,1983年出生29岁南开大学毕业的张一鸣创建了今日头条,发布了这款互联网下基于数据挖掘的信息服务产品,从上线到拥有1000万用户只用了90天,其后觉察到移动互联网的趋势,创立的抖音(包括国际版tiktok)等产品都是互联网场景下开发的应用。

面对趋势,不同的人会有不同选择,如何面对新趋势下的新问题,如图5-1,上述所提到的诺基亚手机业务面对互联网的挑战,选择因循守旧,疲于应付,最终悲壮地出售了自身的手机业务;而苹果公司,从2007年开启触控时代,到后来APP store、Face Time、指纹传感、无线充电等,每一次苹果发布会,就是一次科技创新的展示会,不断地提升消费者的用户体验,用技术创新满足新需求、引领新需求。这背后的底层逻辑是,创新思维是成长性思维,它能不断自我迭代,随时代而变。面对新的任务和挑战时,会根据形势变化做出新的调整,顺势而为。

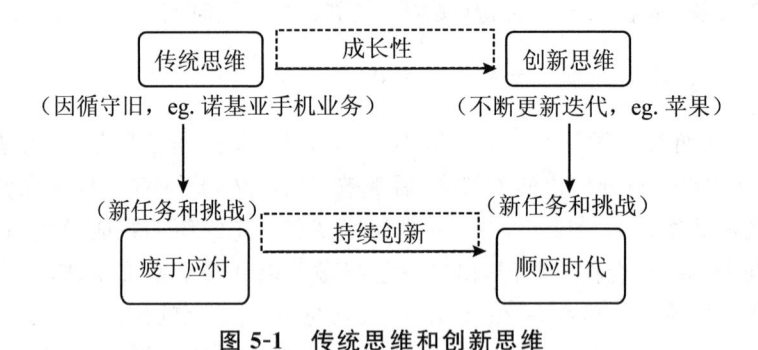

```
┌──────┐   成长性   ┌──────┐
│传统思维│ ─ ─ ─ ─ ─→ │创新思维│
└──────┘           └──────┘
(因循守旧,eg.诺基亚手机业务)  (不断更新迭代,eg.苹果)
    │                        │
    ▼                        ▼
(新任务和挑战)              (新任务和挑战)
┌──────┐   持续创新  ┌──────┐
│疲于应付│ ─ ─ ─ ─ ─→ │顺应时代│
└──────┘           └──────┘
```

图 5-1 传统思维和创新思维

2. 创新是解决方案

何为创新,为何创新,就像前面所说,金融行业在互联网时代、人工智能、大数据下面临深刻变革,如果原来的柜员岗位被机器所替代,原本在银行柜员岗位的员工,他们面对行业变革下,他的选择是什么,他的出路在哪里?如果什么都不动,面对行业形势变化无动于衷,那很可能在机器换人的趋势下,被银行辞退,被行业所淘汰,他们面对困境,他们该怎么办,出路在哪里?解决方案在哪里?——顺应变化,求变创新。

为什么银行会用机器替代一些行员,是所有类型的银行行员都被替代吗?并不是,他们为什么有些会被替代,有些不容易被替代,被机器替代的行员是因为什么原因?重复劳动,低技术含量的劳动,机器可以替代并且可以提高效率的岗位,也就是机器可以学习人的行为,从简单行为到复杂,原本的工作方法过于陈旧?原本的工作路径太过死板?原本

第五章　新时代幼儿园教师的创新素养研究

的工作模式太容易被替代？如何应对？尝试用新的工作方法，看看能否提高效率，看看能否提供更好的柜面服务；尝试新的工作路径，改革流程，看看能不能有新的服务效果；尝试改变原本的工作模式，既可以提高质量，又可以不被替代。尝试是什么？是改变原有的模式，看看有没有更好的状态，是解决问题最为主要的方式。

创新源于现实问题亟待解决，是文明进步的迫切需求。印刷术的发明是对于减少重复书写、抄写、费时费力的创新，它大大加速了知识的传播和文化交流，使得图书可以出版，更多作品可以被传颂；电灯的发明是对于挣脱黑暗束缚的创新，使得人们的日常生活更加方便自如，不再受黑夜白天的限制，真正改变人们对时间的支配自由；汽车的发明，特别是用流水线方式生产后汽车使用的广泛普及是工业时代下对于技术创新的伟大证明……

2020年初，新冠疫情爆发，为了控制疫情，1月23日10时起，即对湖北省武汉市人员流动和对外通道实行严格封闭的交通管控，离汉通道关闭，全国各地春节假期延长，武汉和湖北地区以外省份的很多小区和交通设施都采取了封闭管理和相关隔离措施。但是企业停工停产几乎是给经济按下了暂停键，封闭使外地员工不能及时到岗，使大部分企业经营处于停滞状态，对经济影响极大。国内企业纷纷为应对疫情出谋划策，旅游业龙头企业携程的董事局主席梁建章在2月6日通过微信、微博发了一篇"我们需要一个防疫APP"的文章，建议利用移动互联网技术开发一个相应的程序，在当时还只是一个想法和提议。其实国内互联网企业阿里巴巴的技术团队也在为类似的想法攻克难题，2月9日，杭州余杭区和支付宝合作率先推出了健康码，这款2月5日凌晨上线的阿里最快产品，每隔半个小时就更新迭代一次，几天后即与政府合作，并将健康码推广至浙江全省，而后是全中国，通过绿（可正常通行）、黄（须实施7天隔离）、红（须实施14天隔离）的分类辨识人群的实时健康状况，使得防疫工作可以全面开展，并且不耽误复工复产。

在关键时候的健康码创新，成为新冠疫情时期，做到不同人群分类管理的解决方案。提供解决方案始终是创新的根本任务，互联网时代下，科学技术的创新成为推动时代进步的重要手段，特别是解决经济社会发展和民生改善的现实问题，比过去任何时候都更加需要科学技术解决方案。部分关键元器件、零部件、原材料依赖进口；油气勘探开发、新能源技术发展不足；人民对健康生活的要求不断提升，生物医药、医疗设备等领域科技发展滞后问题日益凸显……这些体现国家急迫需要和长远需求的实际问题,必须向科技创新要答案。解决这些问题的过程中,既需要科技力量挺身而出,同时也会提供科研选题、技术攻关的"题库"和舞台,牵引新突破和技术进步,在整个过程中始终坚持需求导向和问题导向。

　　3. 创新能够推动人类进步

　　回首历史,是人类历史上一次又一次的创新,推动了社会的发展和人类的进步。21世纪初,物联网、互联网、新材料、能源革命、医学革命、新金融、人工智能、智能汽车、航天航空等领域的创新发展而引发的第四次革命将在未来的十几二十年产生深远影响。

　　创新往往是基于已有发明的改造、升级和重塑,从而不断适应当下的社会发展,应对不同时代的机遇和挑战。There would be no iPhone without the iPod.——这句话出自参与了iPod和iPhone研发,人称"iPod之父"的Tony Fadell。苹果在iPod上取得的利润和市场地位,为后来iPhone上种种尖端技术的研发打下了基础,而iPod本身也成为iPhone项目初期的参考和借鉴对象。2004年,iPhone项目正式立项,2007年1月9日苹果公司创始人乔布斯在旧金山的年会上宣布推出iPhone,自此触屏移动智能手机拉开了改变人类历史的序幕,也是创新推动人类进步的经典案例。

　　iPhone与其他手机的不同在于有了ios操作系统,一个在电脑上运行的操作系统可以在手机上通畅运行,这背后是对于手机处理器的一次完美革命,是对电池续航、人机交互的不断升级,使许多有利于用户体验的想象成为可能,这其中还包括触屏功能、Home键、苹果相机等。值得一提的是,iPhone的诞生需要12个关键技术,基本都不是苹果发明,它们分别是微处理器、存储芯片、固态硬盘、液晶显示、锂电池、快速傅里叶变换算法、互联网、HTTP协议、手机通信网络、触摸屏和Siri,很多技术在iPhone出现之前许多年就有了,它们才是iPhone和移动互联网时代的真正基础,这个例子也说明创新不一定是要一个完全全新的创造,可以是对已有技术的重组,而这个技术可以是世界上任何一种已有的技术。

　　自2007年起,全世界的手机市场进入了移动互联网时代,人们的生活方式也因手机而改变——手机不再是接打电话、信息联络的简单工具,它可以是一个用户移动客户端口,是集合了电脑功能的微型机器,并且,伴随着用户需求和技术革命,还有一项重要的发明,依托于智能手机诞生了——它就是移动支付,我们在支付时,已经不需要从卡包里拿出银行卡、现金,只需要打开手机,甚至可以只需要人脸识别。自此,我们真正可以用手机打开世界的大门,用手机购物,用手机出行(坐公交、高铁、飞机、打车、骑车),用手机阅读电子书籍、观看电影电视,用手机娱乐,用手机办公学习等,只拿着一台手机就可以出门。

创新更新了生产工具和生产技术,劳动者为适应生产不断提高自身素质,思维方式不断更新,形成了先进的制度、科技,推动了社会生产力的发展。创新是对真理的发展、对实践的推进,是社会发展和进步的动力。

三、创新的影响因素

创新因何而生？什么因素影响着创新,国际和国内每年都会发布一些有关创新力的榜单,比如世界知识产权组织(WIPO)自 2007 年起,每年会发布全球的创新指数,近几年中国的排名逐渐上升,在发布的《2020年全球创新指数报告》(Global Innovation Index 2020, GII)中,中国排在第 14 名,排名第一的是瑞士,其次是瑞典、美国。在排名前 15 位的国家或地区中,有 9 个是欧洲国家,分别是瑞士、瑞典、英国、荷兰、丹麦、芬兰、德国、法国、爱尔兰。为什么欧洲国家占较高比重,欧洲是不是更适合孕育创新,其他非欧洲国家又是靠什么脱颖而出,能不能总结出一些特性来培育创新,这是个特别值得分析的问题。

除了对国家创新力排名的榜单,还有一些对于企业的创新评价榜单,诸如波士顿咨询公司(BCG)每年会发布最具创新力全球公司名单,在 2020 年最新 top50 榜单中,中国有 5 家公司,分别为排名第 6 的华为,排名第 7 的阿里巴巴,排名第 14 的腾讯,排名第 24 的小米和排名第 31 的京东,占总数的 10%。虽然数量上 5 家也是不少,但与美国的 28 家相比,差距还是不少,虽然这是一个美国公司主评的榜单,或许会有本土偏好,但总体来看,美国公司的创新力仍在第一梯队。另外,福布斯每年也会发布中国最具创新力企业榜单,2020 年行业分为 12 个活跃的创新领域中,榜单中企业更新率超 50%,创新赛道竞争十分激烈,中国企业争先恐后,不断提升创新能力。

创新的影响因素有许多,接下来将从创新的动力来源、创新的文化氛围、创新的法治环境、创新的国际合作、政府在创新中所扮演的角色和发挥的作用、教育对创新的影响等几个方面,探究创新如何受到上述这些不同因素的影响。

(一)创新的原动力

新问题的解决方案和新奇内容不是凭空产生的,创新源于对困境的求生欲。讨论创新的影响因素,最大的影响是从无到有,创新的动力是什么,因何而改变,为何而创新。颠覆性"创新之父"克莱顿·克里斯坦森教授在他的著作《创新的窘境》中总结——"成功的公司停步不前,最后失败,因为它们有一些事情没有做对。"这句话中透露出几个信息,一是成功的公司,指的是曾经占领过市场,有一席之地,甚至有话语权的公司;二是最后失败,意味着没有能够长期存在,保持已有优势;三是他们有一些事情没有做对,指明了公司最后失败的原因,其实是没有能够找到持续成功并保持优势的方法或者路径。正如书名所指,创新往往是在困境下发生的,那么自然而然,创新的动力之一是在直面困难时,一次次试图突破窘境。除了企业会面临窘境,历史上的不同民族、国家也不乏遭遇危机。比如以色列自然资源匮乏,但是水资源利用技术、太阳能开发技术、绿化沙漠技术使资源紧缺的问题得到有效缓解,并以创新强国在世界范围内创造了无数奇迹。

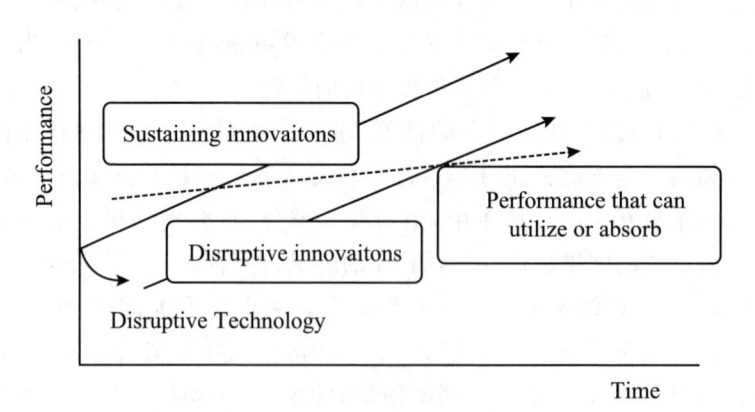

图 5-2 颠覆性创新

第五章　新时代幼儿园教师的创新素养研究

企业要生存往往需要伴随着时代的变化且需要持续创新,绝大多数企业都面临产业周期,为了生存而选择持续创新模式以应对不同的机遇和挑战。举个有趣的例子,世界上最古老的企业——日本的金刚组,成立于公元578年,原本专注于木结构的建筑,但到了20世纪80年代,公司将业务延展到房地产,而后因市场竞争激烈,公司经营不善,几近倒闭,最后不得不交出了公司的经营权。金刚组的企业发展模式粗看可分为两段,一段是专注于做木结构建筑的1000多年,木柱和横梁的接驳关节没用一颗钉子,用世代传承的古法,专注于自己的强项并忠于自己的赛道,再加之家族体制传承发展,用工匠精神将持续专注转换为一种企业持久的生命力,使其成为全世界历史最悠久的企业;另一段是20世纪80年代开始做房地产的几十年,多元化发展房地产即是想尝试随时代而改变企业的发展模式,但最后受到房地产市场影响,只能渐渐被市场所淘汰,面临千年企业终结的命运。1000多年的聚焦和专注是一种自我渐进式的革新,而近几十年转战房地产则是在面临不同时代形势下,接班人一种突破原有模式的创新,"它只是有些事情没有做对",而没能够持续成功。这两个时期的金刚组,一种是用精益求精的技术保有在不同年代造好木结构建筑的能力,另一种是涉足不同领域,以进一步寻求发展和突破。[①]

创新源于对消费者需求的持续满足。克里斯坦森在他的另一本《创新的任务》一书中用"用户目标达成理论"来揭示创新的主要任务,即不是盲目的冒险,而是基于对客户现有或未来需求探索后的持续尝试,也指出了创新的动力是为了不断满足客户的需求。如阿里巴巴集团创始人马云曾说:"阿里巴巴的使命是让天下没有难做的生意。"帮助中小企业降低运营成本,减少租金投入,及时找寻到客户,并且通过数字支付让投融资更便捷,是阿里持续在减少"难做生意"的阻碍;再比如2016年网易创办的"网易严选"品牌,则是强调"以严谨的态度,为天下消费者甄选优品"以及"好的生活,没那么贵",这是基于网易公司对于中国消费者寻求美好生活消费升级的深刻洞察,在供应链上的优化创新——深入供应链上游,在严格筛选知名制造商后,通过大数据对当下年轻人的真实需求喜好进行分析、判断,并向上游生产工厂不断反馈、交互信息,再按照中国消费者实际需求重新改良、再造商品,并与京东物流合作,最终提供

[①] 李永涛.论幼儿教师的哲学素养[D].华中师范大学,2015:33.

极具性价比的商品和服务。

(二)创新的文化

创造性活动往往根植于它产生于其中的文化环境,有了创新的动力,还要依靠创新的文化营造创新的氛围,才能使得创新能够有土壤生根发芽。如以色列创新成功要归结于犹太文化几千年的沉淀,从教育和反思中获取力量,始终保有一种危机意识,在极具困难的情况下建设国家、创造奇迹,民族紧密团结以及丰富的多元化,正是这种国家包容创新的氛围,使得以色列始终保持在全球创新领域的前列,2019年以色列在全球创新指数(Global Innovation Index)中排名第十,并且在创新中的投资相对较少(此项指标排名第17位),但是创新产出能力较强(此项指标排在第8位),也就是以色列的产出投入比较高,创新成果较为突出,本土科学家获得诺贝尔奖人数已达8人。国家虽小,高科技新型产业发达,科技对GDP的贡献率高达90%以上,究其根本是具有一个开放、多元、充满活力的创新生态体系,政府、学术界、军方和商界四方关联互动,形成了"创新投入—卓越人才—杰出成果—融资转化"的良性格局。这不仅仅是一种创新机制,更是包容理念下重视科研、科技创新、科技兴国的国家文化。

文化传统因素往往成为研究者考察国家间组织能力和制度能力差异根源的重要切入点,因为这种差异会在很大程度上导致国家间综合竞争力的差异。2020年1月,中国青年创业就业基金会与中国恒大集团旗下的恒大研究院联合对中国青年创业现状开展调研,并发布了《中国青年创业发展报告(2020)》,其中也统计总结了青年创业的动机,人数最多的动机是为了追求理想的生活方式(占比为40.7%),其次是解决就业,然后是追求财富和声誉,比例较小的是为了改变世界和贡献世界,这部分反映了一个国家青年的理想和追求,虽然创业本身也是企业家精神的一种体现,但仍然可见社会服务意识、责任意识在青年创业者身上体现较少,过多地强调了个人意识。目前我国国际专利申请量已跃居世界第一,但是如此庞大的成果能否应用于社会发展真实场景并能应用于工业生产仍是较大难题,除了在技术或资金以外,更多的是文化的因素。

中外创新型企业的公司几乎都是以"客户为中心"、强调"责任",并

第五章　新时代幼儿园教师的创新素养研究

努力"追求卓越",随着时代变化,客户的需求会变化,企业"以客户为中心"就要不断优化客户体验,以手机为例,运行速度、续航能力、相机像素等这些功能,手机企业需要不断创新技术,使得手机使用更为便捷,功能更为强大,这就需要企业"精益求精"的文化;再比如说责任意识,这与企业的核心价值观紧密相连,网易严选在2020年初疫情最严峻、口罩价格飞涨的困难时期,以平价推出了口罩专供服务,复工复产企业防疫物资专享服务,后续还推出了专供复学的儿童口罩,4月份针对服装鞋类企业推出了扶持政策,帮助企业渡过难关,是支援武汉、抗击疫情响应最及时、动作最迅速的企业之一,体现出企业在国家特殊时期所肩负和履行的企业社会责任;"追求卓越"需要体现在产品和服务的高品质、高质量,引领行业发展的特质,这就意味着要接受时代变化、产业变革、企业转型升级所要面临的不确定和挑战,甚至要有一种冒险精神,需要有一种包容开放进取的企业文化。

表 5-1　国际创新型公司的核心企业文化

公司名称	国别	核心企业文化
谷歌	美国	激励员工、信息共享、支持创新
Facebook	美国	持续迭代、问题解决、连接全球
亚马逊	美国	做领导者与创新者、以顾客为中心、乐于冒险
迪士尼	美国	创新、品质、共享、故事、乐观、尊重
网飞	美国	自由、责任、追求卓越
NBA	美国	诚信、协作、尊重、创新
丰田	日本	至诚服务研究创造、引领时代、质朴刚毅、团结友爱、知恩图报
三星	韩国	人才第一、追求卓越、引领变革、正道经营、合作共赢
华为	中国	客户中心、自我批判、权责分明、奋斗为本、合理分配、同甘共苦、交流共赢
百度	中国	简单可依赖、尊重人才、结果导向、追求极致、合作交流、创新求实

续表

公司名称	国别	核心企业文化
腾讯	中国	用户为本、科技向善、正直进取、协作、创造
阿里巴巴	中国	客户第一、舍我其谁、认真生活、快乐工作、信任、求变、乐观
中兴	中国	诚信、顾客至上、不断学习
OPPO	中国	本分、用户导向、追求极致、结果导向
中国建筑	中国	诚信、创新、超越、共赢
海康威视	中国	成就客户、价值为本、诚信务实、追求卓越

(资料来源：鲁知先《中国创新危机的破解与创新文化培育》，2019)

从表5-1中可见，以上公司的文化中创新被放在最为关键的位置，各个公司的核心文化中都有提及，如谷歌强调创新，Facebook要求持续迭代，亚马逊要做领导者和创新者，并且乐于冒险，迪士尼指明要"创新"，网飞是"追求卓越"，NBA强调"创新"，丰田是"研究创造，引领时代"，三星是"追求卓越，引领变革"，百度是"追求极致，创新求实"，腾讯是提倡"创造"，阿里巴巴鼓励"求变"，中兴要求"不断学习"，OPPO也是"追求极致"，中国建筑是"创新、超越"，海康威视是"追求卓越"，而华为公司虽在图表的表述中强调奋斗、同甘共苦，华为的"狼性文化"一直被大家所熟知，而狼性强调奋斗、团结，学习和创新才有敏锐的嗅觉，华为总裁任正非多次以水资源贫乏的以色列改革创新举例，鼓励员工在没有资源的前提下如何打破困局，创造资源。

创新需要一种文化氛围，这种氛围下是鼓励创造，鼓励变革的，但它更是允许试验，允许冒险，允许失败的，因为试验了，冒险了，失败了，才会去思考为什么已知的方法无法解决现有的问题，是对问题的认知不对还是解决问题的方法不对，才有机会发现未知的问题，找到新方法，找到突破口，产生新的创造，才有创新。1982年，曾在著名咨询公司麦肯锡工作的汤姆·彼得斯和罗伯特·沃特曼通过对美国43家当时最优秀的企业进行访谈后，总结出优秀企业的八种品质，并撰写了《追求卓越》一书，该著作至今销量已超过1000万册，广为世人所知。但是在21世纪初，也就是该书出版的20年后，《福布斯》对原书中的43家企业再次调查时,发现绝大多数的企业经营绩效已经低于同行业平均水平,作者彼得斯对此的解释说世界变化太快了,要追求卓越就要持之以恒,但是持之以恒又会站在"变革""冒险""创新"的对立面,所以总结出所谓规定的几种品质,可能就隐含着将卓越变成了一种固态,而保持卓越一定是包含一种不断变化,持续变化的创新,因此一家有创新意识的公司文化中,一定是可以包容各种尝试性的改变,而改变有可能更好,也有可能不好,在乐于看到好的改变的同时,也能包容试错,才能保有持续领先的创造力和生命力。

2021年2月,北京邮电大学学生何世杰发布了连线采访苹果公司CEO蒂姆·库克的一段视频,在回答有关苹果每年推出各类新品,如何持续保持创新能力的问题时,库克说苹果提倡一种创造与合作的文化,来自不同领域不同背景拥有不同技能的员工从不同角度观察世界,为了"创造卓越的产品"这个目标共同合作,多元化的团队,包容的环境,相互交流合作,共同创造最好的产品,苹果的经验表明多元包容的文化非常有利于孕育创新。

第二节 幼儿园教师的创新精神

一、独特的沟通方式

沟通是幼儿教师工作的题中之义。他们在幼儿园工作的过程中要与园所领导、其他幼儿教师、幼儿、幼儿家长等形形色色的人进行沟通。在这些人群中,与幼儿和幼儿家长的沟通更是重中之重。只有做好这两方面的沟通工作,幼儿教师才能更好地了解对方,有针对性地处理与对方有关的事务。为了更好地沟通,幼儿教师应该采取一些创新性的沟通方式。

(一)沟通在幼教工作中的意义

儿童是社会的人,他们生来就具有人的尊严和价值,享有人的各种权利。但是在成人眼里,他们是弱小、无知的,是不成熟的,因而,在很多时候,成人并不能关注幼儿究竟有哪些权利需要我们尊重。事实上,这种做法是极为不妥的。童年是一个有其独特需求的人生阶段。这个阶段的孩子好动、爱玩、喜欢畅想、需要快乐、需要成人的陪伴……但是我们在这方面的了解实在是不多。我们所提供给幼儿的多是为了满足幼儿的物质需要,而忽略了他们精神上的需求,这种长期的漠视,会出现极为恶劣的影响,使得幼儿逐渐失去主体性,变成了只会盲目听话与服从的孩子,这对于他们的成长极为不利。因而,在幼儿教育阶段,教师必须加强与幼儿的沟通,尊重他们,从多方面培养他们的能力。此外,在与幼儿沟通的过程中,教师也能就多方面的问题与幼儿家长联系,促进家园共建,共同保障幼儿发展。①

(二)幼儿教师应该如何进行沟通

儿童的生理及心理特点构成了他们这一时期独有的特点,他们与成人有着明显的不同,如果教师不能了解这些特点,就会把幼儿一些并不成熟的特点当成是他们的缺点,比如说,幼儿坐不住,我们会认为他调皮,甚至扣上"多动症"的帽子。同样地,在面对幼儿的时候,家长经常会有很高的期待,也会经常经历这种期待变成泡影的过程,此时,他们极容易出现强烈的情绪波动,冲动地对幼儿进行"教导"。

在这些情况下,作为有着专业教育背景的教师,就要能够利用自己所知所能,积极与双方进行沟通,促进共同成长。

二、让想象在教育中腾飞

爱因斯坦曾有过这样一段精辟的言论:"想象力比知识更重要,因为知识是有限的,而想象力概括着世界上的一切,推动着进步,而且是知识进化的源泉。"想象力是人创造力的本源之一,幼儿时代是一个人想象力迅速形成和发展的重要时期。幼儿时期更是认知发展的关键期,也是想象力培养的关键期。因而,在教育过程中,我们要能够注重幼儿想象力的发展。

---

① 吴颖新.幼儿教师的专业素养[M].北京:中国轻工业出版社,2012.

第五章　新时代幼儿园教师的创新素养研究

(一)想象力概述

想象是智慧的翅膀,尤其是童年时期的想象,它可以使幼儿不断追逐富有魅力的知识,又能够使幼儿超脱现实。幼儿时期是儿童想象最活跃的时期,幼儿的想象也是在轻松、愉快、丰富的环境中发展的,想象是幼儿掌握和运用知识不可缺少的条件。

(二)幼儿教师如何培养幼儿的想象力

幼儿教师要在日常的教育工作中多注重呵护并培养幼儿的想象力,下面的一些方法是值得提倡的。

1. 让大自然成为幼儿的想象源泉

丰富的知识和生活经验是想象的物质基础,我们要认真利用大自然这一活教材,帮助孩子积累想象所需的材料,引发幼儿的联想和想象。

2. 运用多种活动形式激发幼儿想象力

幼儿时期,孩子们的想象力还有相当大的提升空间,幼儿教师要多采用一些新奇的活动方式,让幼儿在不知不觉中提升这种能力。

(1)多讲故事,启发幼儿想象

幼儿非常喜爱听故事,采用故事的形式导入,可以充分调动幼儿的兴趣和积极性,有了兴趣,幼儿才会主动思考。

(2)多听音乐,引发幼儿想象

音乐和美术都是艺术教育活动的一种,它们都能够促进幼儿审美情趣的发展,陶冶幼儿情操。幼儿教师要能够充分利用这两种活动形式,将其糅合在一起,更好地启发幼儿想象。

(3)多做脑筋急转弯练,鼓励孩子思考

如果你在幼儿园中给出"树上有十只鸟,用枪打下一只还剩几只"这样一个问题,幼儿园的孩子很多都不会直接作答,而会提出各种各样的问题,比如有孩子问,这只鸟有没有怀孕?这十只鸟里面有没有听不见的……这些看似不按常理出牌的行为其实是非常可贵的,幼儿教师要能够鼓励和提倡这种行为。

另外,幼儿教师对于幼儿提出的"为什么"这类问题应该认真对待而不是敷衍。孩子在 3 岁以后,右脑就会开始快速发育,右脑主管的想象能力就会得到很大的发展。这个时候。孩子们就会问很多看起来十分奇怪的问题。幼儿教师面对这种情况,不应不耐烦或责怪孩子脑子有问题,而是应该进行认真的回答。

(4)运用其他的活动形式

除了上面提到的各种活动形式之外,幼儿教师还要能够创新性地思考,根据教育内容和情境想出其他各种活动形式,促进幼儿想象力的发展。

第三节 提高幼儿园教师创新素养的途径

一、让创新精神在管理中闪光

幼儿园教育的对象是一群 3—6 岁的孩子,他们天真活泼、聪明可爱。在传统的幼儿园班级管理中,有些幼儿教师认为孩子还小,什么都不懂,一味地进行"填鸭式"教育和班级制度的强制执行,这样的方法就会压制幼儿的自主思维能力,对于幼儿的健康成长是十分不利的。幼儿教师要能够在班级管理的过程中富有创新精神,从而更好地促进幼儿园集体的发展。

(一)创新精神与幼儿管理

创新,是指在看似无关的事物之间发现某种相似与共同之处的能力,根据内心需求,设计研制,重新排列,优化组合,迁移提高成为新事物的过程,它是一种超越于实用功利目的之上的精神活动。创新是一个民族进步的灵魂,是一个国家兴旺发达的不竭动力。如果不能创新,不去创新,一个民族就难以发展起来,难以屹立于世界民族之林,提高全民族的创新能力,就要培养每个人的创新能力。幼儿教育是基础教育的组成部分,是学校教育和终身教育的起始阶段。因此,教育创新应该从幼儿教育开始,为幼儿的近期和终身发展奠定良好的素质基础。

第五章　新时代幼儿园教师的创新素养研究

21世纪的幼儿教师必须具有强烈的创新意识。我们的幼儿园教育不能老是停留在一个水平上,要保持常"新",常"青",始终给人一种耳目一新的感觉,制度不断完善,设施不断更新,课程不断改革创新。要想做到"先一步、高一等、优一层",唯一的出路就是改革创新。这就要求我们每个幼儿教师要有"不断进取、永不满足"的精神,努力学习,更新自身的知识。

(二)幼儿教师如何在管理中创新

创新意味着打破旧的规则。作为幼儿教师,我们首先打破以往的管理模式,从尊重幼儿出发,多一些鼓励、宽容和微笑,少一些严厉、指责和约束,在乎他们的点滴创造。其次,要能够从自己出发,大胆创新,自我更新,自我超越,只有这样,才能使幼儿管理走上一条新的发展道路。

1. 更新幼儿管理的理念

在之前的教育中,幼儿教师更多的是关注幼儿的"短",希望能够通过"补短"将幼儿培养成"好幼儿"。毫无疑问,关注薄弱环节对幼儿的发展是有所帮助的,但这种关注必然伴随着对其优势项目投入的减少。这样的话,幼儿的最终发展结果就只会是平衡发展,没有什么突出的优势。这对于幼儿来说并不是最好的结果。[1]

现在的幼儿管理,已经逐渐开始提倡民主管理,要尊重每一个孩子,人人都是班中的小主人。幼儿教师要能意识到,幼儿的全面发展只能是一种希望,而不是一定要存在的自然状态,我们不能期望着将幼儿打造成完全一样的成品,而应该创造条件鼓励孩子个性的发展。

幼儿教师对于幼儿的管理一定要与幼儿个人的特质相配合,不能奢求所有的幼儿都规规矩矩,乖乖巧巧的,肯定会有幼儿超脱于这个范围之外。如何对待这些幼儿,引导他们健康发展,就要检验幼儿教师的教育功力了。扬长避短、转移注意力,就是一种不错的方法。

2. 探索新的管理方法

幼儿教师在对幼儿进行管理时要有创新精神,要勇于突破,敢于创

---

[1] 吴颖新.幼儿教师的专业素养[M].北京:中国轻工业出版社,2012:186.

新,这样才能适应现代教育管理的需要。

但事实上,幼儿教师在平时教育管理幼儿时,许多人都不喜欢动脑子,喜欢遵循惯例,将平时的一些老办法套用。事实上,这些方法不一定适合于所有场合,我们要能认真地思考方法,根据具体的教学情境,进行管理方法的创新。

二、教学方法也要创新

从 20 世纪 90 年代起,我国幼儿园开始教学改革,它是以课程改革为主线,也有教育目标、教学环境、师生关系等多个方面的改革实验,但是其中有一个欠缺,那就是一直缺乏教学方法方面的研究。

(一)教学方法与创新

联合国教科文组织国际教育发展委员会的报告书《学会生存》强调:"人的创造力,是最容易受文化影响的能力,是最能发展并超越人类自身成就的能力,也是最容易受到压抑和挫伤的能力。"由此可见,创造力的培养与幼儿教育有着密切的关系。

在儿童创造力的发展过程中,幼儿园和学校较之家庭来说,具有更重要的意义。幼儿教师作为一个儿童创造力培养的重要教育者,需要发挥重要作用。幼儿教师的教育更是在很大程度上决定了儿童的发展。因此,幼儿教师理应顺应教育改革大浪潮下实施的素质教育的需要,提高自己的创新能力,尤其是在教学方法上更要多创新。

幼儿园的教学是一个相对完整的系统,它由教学主体(幼儿教师和幼儿)、教学目的、教学内容、教学方法、教学环境等几个方面的基本要素构成。在这些基本要素中,教学方法占有较为重要的地位,幼儿园的教学活动是将课程内容转化为幼儿发展的运动过程。教学方法就是教学过程的运动形式,就是把课程内容转化为幼儿发展的桥梁,是实现教学目标的保证。因此,如何在教学方法上创新,就需要幼儿教师多动脑筋,多从幼儿入手,科学运用教学方法,指导幼儿学会学习、学会思考,培养幼儿的思维能力。

第五章　新时代幼儿园教师的创新素养研究

(二)幼儿教师如何调整自己的教学方法

幼儿教师如何成为"支持者、合作者、引导者"的角色与幼儿互动、交往,除了以全新的角度、新的理念去思考外,更需要有新的策略、新的方法去实践教学活动,这就是幼儿教师创新教学方法的主要理论支持。具体说来,幼儿教师的教育创新应该从下面几点做起。

1. 课堂教学的创新

要构建这种课堂,幼儿教师要能改变传统的教学方式——教师一张图片或一套教具,教师讲—幼儿听,教师问—幼儿答,教师演—幼儿看。教师要能够根据教学内容来确定灵活多样的教学方式,积极、创造性地学习。通过感知、操作、探索的形式,给幼儿提供反馈、交流、思考的机会。注重集体、小组、个别活动的有机结合,增加幼儿相互学习、相互交流的机会,培养自主学习、相互学习的能力。既面向全体,又注重个别差异,教学设计体现层次要求,坚持正面教育,方法、手段选择合理,恰当有效,使教学收到最佳的效果。

2. 教学组织的创新

教育要满足孩子"多方面发展的需要",基于培养"完整儿童"的出发点,我们在注重选择教育内容要全面的同时,还要注重教育方法要适宜,注重同一内容学习的多种价值。因此,幼儿教师在进行教学活动时,要打破单纯学科教学的界限,注重各领域之间互相渗透,因此在教学活动类型上尽可能地多组织主题式、综合性、活动性的课程,使孩子的智能以全面的方式成熟起来。

3. 课堂提问的创新

课堂提问是能够展现创新性的重要手段。教师在这方面,要努力使自己提出的问题多开放式,少封闭式。开放式提问有利于促进幼儿思维。例如,在认识小乌龟时,教师可以问"你最喜欢小乌龟的哪里？为什么喜欢?"而不是问"小乌龟头上有什么？身体下面有几条腿？它长得怎么样?"前一种提问方式明显更能激发幼儿探索的兴趣。另外,这些问题最好能具有启发性,稍稍高于幼儿的实际水平,让他们"跳一跳就可以摘到桃子",从而鼓励幼儿思考。

第六章　新时代幼儿园教师的信息素养研究

21世纪，信息技术越来越深入地渗透到社会的各个领域，在教育领域引发了大变革。教育信息化的发展，为教学工作开辟了新的道路，指引着教育未来的发展方向。学前教育是人终身教育的起始阶段，随着社会对学前教育重要性认识的不断提高，学前教育的定位已从过去的"学校教育的预备阶段"提升为"基础教育的重要组成部分，是我国学校教育和终身教育的奠基阶段"。实现信息技术与学前课程教学的整合是学前教育的趋势和方向。

第一节　信息素养概述

现代社会处在一个信息爆炸时代，社会发展迅猛，信息技术和教育作为推动社会经济文化发展的动力，大力发展信息技术教育，既是当前社会的需要，也是国家发展的需要。社会信息化进程的加快，对幼儿园信息教育提出了新的要求。儿童是祖国的未来，在学前教育阶段开展信息技术教育活动更具有重要意义。

一、相关概念

(一)信息技术的含义

信息技术，从广义上来说，是指能够支持信息的获取、传递、加工、再

第六章　新时代幼儿园教师的信息素养研究

生和利用的各种技术。本书中,信息技术主要阐述信息的传输和处理两个方面,主要是指现实生活中与学前教育相关的各种信息传播媒体,以及常用的正在学前教育中日益普遍的信息处理工具,如计算机、网络等。

对于教育技术,一般存在着两种理解:一种是较广义的,认为自从有了教育就有了教育技术,没有一定的教育技术教育活动就无法开展。这种意义上的教育技术并不特别强调各种硬件技术的应用,而是被看作解决问题的方法和过程。另一种是较狭义的,主要是指 20 世纪以来,随着幻灯片、投影仪、无线电广播、电影、电视及计算机和网络等媒体技术在教育领域中的应用而逐渐发展起来的一个专门领域。本书所涉及的"教育技术"指的是后者。[①]

(二)信息素养的含义

信息素养这一概念最早是由美国信息产业协会主席保罗-泽考斯基(Pual Zurkowski)于 1974 年在美国全国图书馆与情报科学委员会上提出来的,他将其定义为:利用大量的信息工具和信息权解答问题时所利用信息的技术与技能,后来又进一步解释为人们在解答问题时利用信息的技术和技能。1989 年,美国图书馆协会下属的信息素养总统委员会正式提出信息素养的定义,即要成为一个具有信息素养的人,他必须能够确定何时需要信息,并进行检索、评价和有效使用信息的能力。从此,这一概念迅速跨越了图书情报界,扩展到教育界及社会各界,并引起了广泛关注。[②]

信息素养是传统文化素养的延伸和拓展,主要由信息意识与信息伦理道德、信息知识以及信息能力组成。因此,幼儿园教师信息技术应用不仅是对技术层面的掌握,也是幼儿园教师信息素养的提高。

二、信息时代学前教育的发展

学前教育是幼儿离开家庭接受正式教育的起步阶段,对幼儿的发展至关重要。近年来,我国政府加强了对学前教育的重视,并逐渐把学前

[①] 陈静.幼儿园教师信息素养的提升[J].家教世界,2021(30):50-51.
[②] 盘华,杜轶,蔡迎旗.幼儿教师信息技术应用[M].武汉:武汉大学出版社,2016:21.

教育视为我国基础教育的重要组成部分。学前教育的发展恰逢我国信息技术快速发展的时期,因此,信息技术运用于学前教育是当今学前教育的必然发展趋势。

(一)信息技术在教学中的作用

信息技术能够使幼儿较直观地获取知识,信息技术的视听语言能够很好地展示事物的动态性,将文字、语言、图像等事物以最直接的方式展示给幼儿,这种直观式教学方式更符合幼儿的年龄特征和智力发展特点。此外,将信息技术融入学前教育,使得学前教育环境更加丰富。通过信息技术使学前教育的教学设计和组织形式更加多样化,能有效调动幼儿学习的热情和积极性。形式多样的教学方式,能够增进师幼之间的互动与交流。

(二)信息技术在幼儿园园务管理中的应用

信息技术的发展让人们认识到其对幼儿园园所管理信息化的可行性和益处,虽然这方面的研究还不够深入和完善,但利用先进的网络技术和多媒体元素处理技术,服务幼儿园管理已在悄然进行。例如,有研究者(袁汉学,王莉《建立学前档案有利孩子成长》)研究运用信息技术建立学前音像档案,记录幼儿在园成长,变革了幼儿园教育管理理念,也受到了家长和社会的欢迎和好评。

第二节 幼儿园教师信息素养的内涵

幼儿教师的信息技术水平的提升,是学前教育信息化发展的核心。加强幼儿教师队伍信息技术应用能力的建设,提高幼儿教师的信息技术素养是学前教育信息化的必然选择。在教学和管理过程中,教师对信息技术的运用能力会直接影响教学效果和管理水平。因此,幼儿教师要想使用好信息技术,必须掌握好信息技术。

《幼儿园教育指导纲要(试行)》指出,全面提高幼儿教师的信息素养是21世纪国家社会发展的需要,要把"信息化从教能力"的培养放在核

第六章　新时代幼儿园教师的信息素养研究

心的位置上。《国务院关于加强教师队伍建设的意见》也提出要推进信息技术与教师教育的深度融合。①

第三节　幼儿园教师信息素养的提升

信息的本性是毫无保留地向人类敞开胸怀，献出一切，其高尚的纯洁性、无私性和献身精神又与其脆弱性、风险性和冒险性是同生的。就像最明亮的眼睛最容易受到损伤一样，最无私的信息也需要最大限度的呵护，它在为人们带来利益、价值和方便的同时，也带来了巨大的风险和隐患，暗藏着极大的危险性甚至毁灭性。这就引发了幼儿园教师关注的，也是全社会最敏感、最具挑战性的核心问题——信息安全问题。

一、信息安全的含义

国际标准化组织（ISO）对计算机系统安全的定义是：为数据处理系统建立和采用的技术和管理的安全保护，保护计算机硬件、软件和数据不因偶然和恶意的原因遭到破坏、更改和泄露。即要防止非法的攻击和病毒传播，以保证计算机系统和通信系统的正常运行。保障信息安全就是要保证信息的机密性、完整性、可用性、可控性和可审查性。②

二、幼儿园教师信息技术应用中的常见信息安全问题

计算机信息网络受到多方面的信息安全威胁。影响网络安全的因素可能是网络系统本身存在的安全弱点，但更多情况下是来自人为因素。幼儿园教师信息技术应用中的常见安全问题主要有计算机病毒、黑

---

① 孔宝刚.幼儿教师基本素养[M].上海：复旦大学出版社，2013：96.
② 乔莹莹，周燕.人工智能时代幼儿教师信息素养的内涵与培养[J].学前教育研究，2021(11)：58-61.

客入侵、网络欺骗、漏洞攻击等。

1. 计算机病毒

从广义上讲,凡能够引起计算机故障、破坏计算机数据的程序统称为计算机病毒。系统一旦感染计算机病毒,要实施其破坏作用,必定会有一定的表现,常见的表现形式有经常死机、系统无法启动、文件无法打开、报内存不够、数据丢失、网络时断时连等。

(1)计算机病毒攻击的对象

计算机一旦感染病毒,内存、文件、系统、磁盘均成为它的攻击目标。

①攻击内存。内存是计算机病毒最主要的攻击目标之一。计算机病毒在发作时额外地占用和消耗系统的内存资源,导致系统资源匮乏,进而引起死机。病毒攻击内存的方式主要有占用大量内存、改变内存总量、禁止分配内存和消耗内存等。

②攻击文件。文件也是病毒主要攻击的目标之一。当一些文件被病毒感染后,如果不采取特殊的修复方法,则文件很难恢复原样。病毒对文件的攻击方式主要有删除、改名、替换内容、丢失部分程序代码、内容颠倒、变碎片、假冒文件、丢失文件簇或丢失数据文件等。

③攻击系统数据区。对系统数据区进行攻击通常会导致灾难性后果。攻击部位主要包括硬盘主引导扇区、Boot 扇区、FAT 表和文件目录等,当这些部位被攻击后,普通用户很难恢复其中的数据。

④干扰系统正常运行。病毒会干扰系统的正常运行,其方式也是花样繁多的,主要表现方式有不执行命令、干扰内部命令的执行、虚假报警、打不开文件、内部栈溢出、占用特殊数据区、重启动、死机、强制游戏等,影响计算机运行速度。当病毒激活时,其内部的时间延迟程序便会启动。该程序在时钟中纳入了时间的循环计数,迫使计算机空转,从而导致计算机速度明显下降。

⑤攻击磁盘。表现为攻击磁盘数据、不写盘、写操作变读操作、引导扇区病毒修改或覆盖硬盘原来的主引导记录(如硬盘逻辑锁病毒)。

(2)计算机病毒案例

木马病毒。木马这个名字源于特洛伊战争,一群士兵藏在木马中,让雅典人自己把木马当作粮草车搬进城里,然后里应外合,攻破雅典。木马本身并不具备病毒的明显特征,木马只是一款客户端控制软件,但经过多年的发展,结合多种病毒技术,现在已经变成网络上最严重的

第六章　新时代幼儿园教师的信息素养研究

威胁。

木马程序与一般的病毒不同,它不会自我繁殖,也不会"刻意"地去感染其他文件,通过将自身伪装从而吸引用户下载执行,木马病毒可能会造成用户系统的破坏、信息失窃丢失、系统瘫痪。

木马的传播途径主要有三类:第一类是捆绑应用程序传播,通常木马会绑定在一些正常的程序中,吸引用户下载,一旦用户下载运行,其中隐藏的木马也一并被激活。第二类是利用 QQ 找到 IP,然后扫描系统漏洞。第三类是最新的网页漏洞。一些木马会隐藏在网页的脚本中,在用户通过浏览器执行脚本时,利用网站技术强制用户加载木马。

目前网购十分流行,网购木马呈现增长趋势,网购攻击日益严重。网购木马经营者大多使用 QQ、淘宝旺旺等聊天工具实施一对一的诈骗,隐藏性很强,成功率很高,危害性极大。

"Nimaya(熊猫烧香)"病毒。在互联网上肆虐一时的"熊猫烧香"病毒,最早出现于 2006 年 11 月。该病毒采用"熊猫烧香"头像作为图标,诱使用户运行。该病毒会感染用户计算机上的文件,被病毒感染的文件图标均变为一只熊猫手捧三炷香的样子。同时,受感染的计算机还会出现蓝屏、频繁重启以及系统硬盘中数据文件被破坏等现象。该病毒可通过局域网进行传播,进而感染局域网内所有计算机系统,最终导致整个局域网瘫痪,无法正常使用。据悉,多家著名网站、政府机构和多数个人用户都感染过该病毒。

黑客入侵。黑客是英文"Hacker"的音译,原意为热衷于计算机程序的设计者,现在人们常说的黑客是指专门破坏计算机安全的软件,包括利用公共通信网络,如互联网或其他网络系统,在未经许可的情况下载入对方系统。

3. 网络欺骗

网络欺骗是不法分子通过电子邮件、网络程序及假冒网站等形式或手段进行的信息欺骗。当受骗者访问其假冒网站,并且输入信用卡账号、密码等信息时,犯罪分子随即得手。

(1)网络欺骗的手段

由于网络交往具有虚拟性的特点,网络又是一个信息的海洋,各种各样的信息混杂其中,网民难以分辨真假,导致网民上当受骗的现象时有发生。目前,网络欺骗手段呈现进一步升级之势,黑客不仅利用电子

邮件和网站进行诈骗,还常使用勒索软件、盗号木马等。现介绍几种新型的网络欺骗:

①微信欺骗。恶意分子可以通过各种渠道,获取被害人好友头像和ID,将自己的头像和ID改成和被害人好友一样的头像和ID,如果被害人没有对该好友做备注,则恶意分子可以假装成被害人好友行骗。

②QQ欺骗。恶意分子通过木马等方式盗取他人QQ,如果被盗取的QQ对自己的亲朋好友有关系备注的,恶意分子可以假装被害人的亲友行骗。

③旺旺欺骗。恶意分子搭建钓鱼网站,在淘宝上注册店铺售卖贵重金属制品,通过旺旺发送钓鱼网站给客户,诱骗其访问钓鱼网站骗取钱财。

(2)网络欺骗案例

"熟人"通过QQ,借钱给自己的朋友

张某是园区一家公司的职员。有一天晚上,他在家里上网时,收到了公司老总的QQ信息,说是一个朋友有事,但老总自己没空,让张某联系下这个朋友,并留下朋友的电话号码。由于老总正在法国出差,打长途电话确实不便,所以张某毫不怀疑,当即打通了老总朋友的电话。对方在电话里称是老总的好朋友,遇到急事需要用钱。张某通过QQ再次联系老总说明情况。老总请他先帮忙借钱给朋友,他一回国就还钱。接到老总"指令"的张某碍于情面,把1万元转入老总朋友的账户。事后,他总觉得不定心,打长途电话联系老总本人,却得知老总的QQ已被盗,老总本人对朋友借钱的事毫不知情。

该案是QQ盗号诈骗的典型花样。以前,骗子盗号后冒充QQ主人"借钱",但如果被骗者直接联系真正的QQ主人就会穿帮。现在,骗子冒用身份后不直接"借钱",使被骗者防备心理降低,被骗者较易上当。遇到类似情况,务必联系熟人本人,如果是骗局,就不难识破。

货寄错了,请寄回调换。

一些不法分子注册一个淘宝旺旺账号,然后在网上向所有旺旺用户发出相同信息:"货寄错了,是返修货,请寄回调换"。不少网友看到这条信息后信以为真,将刚购买的产品快递给了骗子。

请加强甄别网上信息,不要打开陌生人给出的不明链接。遇到此类情况请做到:不主动与对方联系,拨打所谓的咨询电话,要与自己购买货物页面卖家的电话联系;一旦发觉对方可能是骗子,马上停止汇款,防止扩大损失；不贪便宜不轻信；使用比较安全的安付通、支付宝、u 盾等支付工具；凡是以各种名义要求你先付款或退货的信息，请仔细甄别，不要轻信。

三、面向幼儿园教师信息技术应用中的常用安全技术

一个网络达到安全的标准可以理解为"网络系统不存在任何受威胁状态"。事实上，计算机网络及软件系统本身存在着一些固有的缺陷，没有绝对的安全，只有相对的安全。计算机网络技术在发展，随之而来的黑客攻击技术也在不断地发展。我们尽量消除网络面临的不安全的因素，抵御网络系统外部的威胁破坏和网络系统内部的脆弱性，同时我们的安全意识、技术防范和管理手段也要同步更新，只有这样，才能做到主动防御，尽可能保障计算机网络安全。

四、幼儿园教师信息技术应用中的信息道德问题与对策

幼儿园教师不是生活在真空里，而是像所有人一样不仅会受到一些信息道德问题的困扰，而且社会上违背信息道德的现象在一些老师身上也或多或少地有所反映。例如，有的教师被网络病毒、网络作弊、不良网络游戏及其引发的许许多多的问题搞得焦头烂额，不知所措。还有，对于网络数字资源的建设，有的幼儿教师一方面反感别人盗用自己学校开发出来的数字化教学资源，而另一方面自己却也盗用其他学校的数字化教学资源，也许这些老师是为了维护学校的利益、提高自己的教学水平，但伤害了他人的利益，最终也损害了学校和教师的形象。[1]

因此，对幼儿园教师信息道德的培养有着特别的必要性和紧迫性。首先，信息安全问题不能完全依靠安全技术来解决，道德规范的约束对于信息安全同样具有重要意义。其次，这种必要性和紧迫性来自幼儿数字化教育和社会信息化对我国幼儿道德培养的挑战。最重要的是这种紧迫性来自幼儿教师适应社会信息化、提高本身素质的要求。

---

[1] 于开莲,曹磊.教育信息化2.0时代幼儿园教师信息技术素养评价指标体系构建研究[J].电化教育研究,2021,42(08):51-58.

总之，无论从幼儿教师个人，从学校发展，还是从整个教育事业发展的角度看，对幼师应该具有的信息道德的培养都已经成为一个不容忽视的问题。

(一)信息道德的含义

信息道德是指人们在信息活动中应遵循的道德规范，是在整个信息活动中信息生产者、信息传递者和信息利用者之间相互关系的行为规范的总和。也就是人们在信息活动中必须遵守信息伦理规范，不得危害社会或侵犯他人的合法权益，如保护知识产权、尊重个人隐私、抵制不良信息等。

我国信息产业，特别是互联网行业发展迅速，目前我国已拥有世界上人数最多的网民群体。在这种情况下，有关互联网的道德规范的建立显得尤为重要。从 2002 年起，中国互联网协会先后颁布了一系列行业自律规范，目前总数达到 11 个。

这些自律规范主要包括：《中国互联网行业自律公约》《互联网新闻信息服务自律公约》《互联网站禁止传播淫秽、色情等不良信息自律规范》《中国互联网协会互联网公共电子邮件服务规范》《搜索引擎服务商抵制违法和不良信息自律规范》《中国互联网网络版权自律公约》《文明上网自律公约》《抵制恶意软件自律公约》《博客服务自律公约》《中国互联网协会反垃圾短信息自律公约》和《中国互联网协会短信息服务规范(试行)》。[①]

(二)幼儿园教师在互联网使用中的常见信息道德问题

在互联网已成为人们生活一部分的今天，网络所构建的社会平台，一方面使人们暂时摆脱了现实生活中人们社会地位的不平等，给人们带来了一种前所未有的自由轻松的快感；另一方面在网络社会中，会使人们忽略现实生活中的社会关系，甚至忘记了自己的真实身份，忘记了自己对他人的责任及对社会应尽的义务，做出一些侵犯他人和社会利益的不道德行为来。

[①] 盘华,杜轶,蔡迎旗.幼儿教师信息技术应用[M].武汉:武汉大学出版社,2016:52.

第六章　新时代幼儿园教师的信息素养研究

在网络信息社会中,违反信息道德的行为主要有:

1. 网络谩骂

在网络社会中,由于人们的身份都是虚拟的,于是网络谩骂成为人们内心泄愤的一种主要工具。殊不知,那些自以为"躲在角落里骂,谁知道?谁管得着!"的人,至少是有心理道德问题的,他们做出的这种不道德行为也会受到社会舆论的谴责。

2. 传播虚假信息

在网络社会中,人人都可以是信息的生产者或发布者,许多人就以在网络上传播虚假信息来恶作剧或愚弄人为乐趣,这也是一种不道德行为。

3. 散布个人隐私

网络搜索引擎强大的功能,可以将有关个人的几乎所有资料,甚至隐私,轻而易举地检索出来。尤其是那些明星的个人隐私或私生活,更是成为被散布的重点。不管散布者出于何种目的,至少这种散布行为是一种不道德行为。

4. 散布色情信息

一些不法之徒为了牟取暴利,提高其电子图书的点读量,往往在电子读物或是游戏软件中加入一些色情信息内容,更有甚者在一些儿童读物中也加入了色情信息内容。这种行为对未成年人的身心健康危害是极大的,它首先是一种不道德行为,严重者会转化为信息犯罪。

5. 传播计算机病毒

当前,许多黑客以制造及传播计算机病毒、攻击或瘫痪他人计算机系统为乐,以显示其"技艺高超",并拿其战果相互攀比、炫耀,给社会和他人造成了难以估量的损失。这种行为是滥用其计算机技术的表现,首先是一种不道德行为,严重者还会是信息犯罪。

6. 侵犯他人知识产权

网络社会给人们带来了极大的便利,使人们"足不出户就可畅游知识的海洋",但是信息技术手段也可让人轻而易举地复制他人的知识成果或信息产品,而且可以不留痕迹。这种行为也是一种不道德行为,应受到社会舆论的谴责。

以上这些行为是违反信息道德行为的常见表现形式。而且,随着这些不道德行为对社会造成的危害程度不断加大,它们也有可能转变为信息犯罪,除了受到社会舆论和良心的谴责外,还有可能受到法律的制裁。

(三)幼儿园教师信息道德建设的对策

信息对社会的作用,取决于使用者的道德标准和道德信念。同样一条信息,有人用它来造福人类,也有人用它来制造灾难。因此,对信息使用者进行道德建设十分重要,加强幼师信息道德建设更为重要。进行幼师信息道德建设,是全社会、学校、幼儿园教师共同的责任。那么,幼儿园教师自身应该如何加强信息道德建设,以适应幼儿园教育信息化和管理信息化的要求?

1. 在从事信息技术应用工作的过程中提高遵纪守法的自觉性

法律是道德的底线,道德是法律的基础。遵纪守法是国家对于公民最基本的道德要求,现在的问题是,由于与信息有关的法律的建设、完善和宣传大大滞后于社会信息化的进程,部分幼师不知道我国有哪些与从事信息活动有关的法律法规应该遵守。不知法就谈不到守法。幼儿园教师必须尽快改变自身这种状况。[1]

根据我国与信息使用有关的法律法规建设的现状,这些有关教育信息的法律法规是首先应该了解并遵守的:《中华人民共和国保守国家秘密法》《中华人民共和国计算机信息网络国际联网管理暂行规定》《中华人民共和国计算机信息系统安全保护条例》《中华人民共和国计算机信息系统保密管理暂行规定》《中华人民共和国互联网信息服务管理办法》《中华人民共和国互联网电子公告服务管理规定》《中华人民共和国教育网站与网校暂行管理办法》。需要指出的是,现有不少学校的网络保密意识都是很低的,对电子公告版的管理制度还不健全,稍有不慎就会出现漏洞。甚至一些网站为了增强吸引力,不顾国家利益,擅自将一些不

---

[1] 温丽梅.幼儿园教师学习素养现状研究[D].江西师范大学,2021:36.

第六章　新时代幼儿园教师的信息素养研究

该发布的小道消息在网上发布,这是十分危险的。

2. 幼师应该积极提高自身的信息道德修养

信息道德有赖于传统道德发展,有赖于我们对于信息道德的不断实践和探索。作为教师,只有积极地参加到这种实践和探索之中,才能不断地提高信息道德的修养,才能使自己以及自己的学校在信息道德建设上走在时代的前列。国内外教育科学工作者和学校的领导对于信息道德的建设已经做出了许多有益的探索。作为幼儿园教师,应以此为准则,加强自我的信息道德修养。

第七章　新时代幼儿园教师的心理素养研究

随着时代的发展,迫于生活的压力,夫妻双方往往只生一个孩子。等孩子去了幼儿园,父母在一定程度上是比较担心幼儿的,害怕他们吃不好睡不好,由此也会频繁地与幼儿园教师联系,询问幼儿的情况。在这一过程中,有可能会出现一些沟通上的摩擦,导致幼儿园教师与家长的关系不那么和谐。通过这一情况,可知幼儿园教师在工作过程中需要具有相对稳定的心理素养,在处理问题的过程中做到从容不迫,游刃有余。为此,本章就重点研究新时代幼儿园教师的心理素养内容。

第一节　幼儿园教师的职业心理素质概述

一、教师心理素质

作为一种职业,教师职业对从业者具有特殊的职业心理素质要求。学者们围绕"教师心理素质"有很多表述,影响较大的有:林崇德、申继亮把教师心理素质定义为"教师在教育教学活动中表现出来的,决定其教育教学效果,对学生身心发展有直接而显著影响的思想和心理品质的总和";丁新胜认为,教师心理素质是指教师在教育实践中生成和积淀的,与学生身心发展密切关联的,对教育教学效果有显著影响的心理品质的综合表现;张承芬、张景焕从教师职业特点及可培养性角度进行了阐释,认为教师心理素质是"教师这一职业所要求的、与学生身心发展密切关联的,同时又具有一定的可教育和培养特性的与能力相区别的心理品质"。

关于教师心理素质的结构和成分,代表性的观点有:林崇德、申继亮把教师心理素质结构划分为职业理想、知识结构、教育观念、教学监控能力和外部行为表现。丁新胜认为,教师心理素质"由认知因素、个性因素和社会适应因素三个基本维度构成"。王希华认为,教师心理素质包括角色适应力、心灵感悟力、情绪控制力、心理承受力以及教育表现力等五种心理能力。张大均、江琦把教师职业心理素质分为三个维度:职业意识、职业知识和技能以及教育能力。李伯黍、燕国材认为,教师心理素质包括教育机制(循循善诱、因势利导、灵活果断、随机应变、方式多样、对症下药、实事求是、掌握分寸)、教育能力(组织教学的能力、言语表达的能力、了解学生的能力、独立创造的能力、实际操作的能力、适应新情境的能力)和人格特点(正确的动机、浓厚的兴趣、热烈的情感、坚强的意志、良好的性格)。史克学对优秀教师的心理素质进行了研究,认为其包括认知心理素质、品德心理素质、个性心理素质、社会心理素质、情感心理素质、意志心理素质及其他心理素质等。[1]

综合已有理论可见,教师心理素质具备如下特点:一是体现教师职业教书育人的特殊性;二是教师心理素质着眼于教育教学活动本身;三是教师心理素质是一个系统的结构,其内部包含着复杂的成分;四是教师心理素质是结构和过程的统一,具有动态性和发展性。由此,我们把教师心理素质定义为以人格为核心内容,经由先天和后天的合力作用所形成的,与教师职业行为密切相关的多种心理品质的有机综合体。[2]

二、幼儿教师职业心理素质的结构和内容

幼儿教师在其职业生涯中扮演多种角色。一是在与幼儿的交往中扮演"导师"角色。幼儿教师除了扮演"教员"的角色外,还扮演着促进儿童个性化发展的"导师"、丰富儿童精神世界的"导师"以及丰富儿童情感生活的"导师"。二是在教学管理中扮演着"人际关系的艺术家"角色。

---

[1] 王永.幼儿教师职业心理素质培养[M].芜湖:安徽师范大学出版社,2014:96.
[2] 汪寒鹭.提升上海市幼儿园教师文化素养的模式比较研究[D].华东师范大学,2011:39.

幼儿教师既是儿童父母的"代理人"、幼儿的朋友与知己,也是其他教师的同伴、园领导的下属和幼儿家长的合作者。此外,幼儿教师在自我实现中还扮演着"学习者与学者"的双重角色,在教中学,以学促教。由此可见,幼儿教师良好的职业心理素质对幼儿身心的健康发展具有重要意义,对其自身职业适应与发展、减轻职业压力、体验到更高的职业幸福感也具有重要影响。

幼儿教师要想成功地扮演上述角色,就需要具备一些基本素质,包括:具有先进的教育理念和较强的教育能力,掌握先进的教育手段和技术,高水平的活动设计能力,与幼儿进行良好互动的能力,与家长沟通的能力,环境的设计和使用能力,对幼儿问题进行研究的能力以及良好的个性心理素质。其中,心理素质维度可具体分为以下几个方面。

在个性特质方面,能够不断自我反省,具有自我觉察的能力,能够识别自己的情感并适当控制自己的情绪,心理健康,人格健全,性格开朗,细心,灵活,应变能力强,自信,做事有计划、有恒心,处事果断。

在知识与技能方面,幼儿教师要掌握儿童教育学和儿童心理学的相关知识,具有幼儿教育专业技能技巧和特长,有正确的儿童观和教育观,能够独立组织教育教学、管理班级事务,能独立开展教育科学研究活动,有分析教育现象和评价儿童的能力。

在人际交往方面,幼儿教师能与幼儿建立伙伴、朋友式的关系,理解幼儿,尊重幼儿;也能与幼儿家长建立并维持良好的互动关系,有目的、有计划地做好家访工作;能保持同事之间的良好沟通,共享信息。

在态度和动机方面,幼儿教师热爱幼儿教育事业,有职业自豪感;有强烈的责任心和奉献精神,不计较个人得失;具有高效完成工作的愿望和动机;能主动挑战新的工作任务,积极学习先进的教育思想,不断提高教学技能,创新工作方法,积极寻求专业发展。

对优秀幼儿教师心理素质的研究结果表明,幼儿教师重要的职业心理素质包括热爱幼儿教育事业、对幼儿富有爱心、有浓厚的求知欲望、丰富而稳定的情绪情感、活泼开朗的性格和顽强的毅力。其中,富有爱心是对幼儿教师最基本的要求,是做一个优秀教师的基本条件;浓厚的求知欲望是幼儿教师专业发展的不竭动力和源泉;丰富而稳定的情绪情感是幼儿教师职业生活幸福的保障,对幼儿情绪和个性发展具有重要意义。此外,在个性方面还要富有童心、保有细心、持有耐心、怀有宽容心。

第七章　新时代幼儿园教师的心理素养研究

基于已有的研究,根据《幼儿园教师专业标准(试行)》的要求以及我们前期的研究结果,我们认为,幼儿教师职业心理素质是幼儿教师这一职业对从业者——幼儿教师所要求具有的心理素质应达到的水平,是幼儿教师这一群体的心理素质在幼儿教育工作中的具体表现。它是幼儿教师在职前教育、工作实践和职后培训过程中逐渐形成和发展起来的,具有教育性、综合性、可发展性的特征。它以幼儿教师的个性心理特征为核心,包括需要、动机、价值观、气质、性格和能力各维度在幼儿教育各领域的体现,具有很强的个性化特征。幼儿教师职业心理素质的基本结构包含以下14个成分。

职业认同:反映幼儿教师对幼儿教师职业的认同,能够从幼儿教师职业中获得价值感和职业幸福感。

责任感:反映幼儿教师能正确地认识个人对社会、对幼儿的发展所承担责任的信念和意志。

公正公平:反映幼儿教师处理问题客观公正,对全体幼儿一视同仁,不偏袒,不包庇。

激励性:反映幼儿教师对幼儿的发展抱有积极的期望,能够经常鼓励、称赞、表扬幼儿。

自我统合:反映幼儿教师恰当的自我意识,信任自己,悦纳自己,对自己知道的和能做到的事情有信心,勇于迎接挑战,能自我控制。

独立性:反映幼儿教师在工作和生活中能根据自己的认识与信念独立地采取决定、执行决定,不易受他人暗示,有自己的主见。

乐观倾向:反映幼儿教师对自己和幼儿的发展保持积极的预期。

坚韧性:反映幼儿教师为达到一定的目标而自觉规范行为,以充沛的精力和坚韧的毅力,不断地克服内外困难,直至实现目标。

豁达:反映幼儿教师对幼儿、家长、同事、朋友等宽容、大度、开朗。

灵活性:反映幼儿教师能灵活采取措施,积极处理在幼儿教育过程中的各类突发性、偶然性事件,对幼儿的变化敏感,对偶发事件处理灵活、有序、高效。

创造性:反映幼儿教师在工作中产生新思想,发现和创造新事物的能力。

情绪调控:反映幼儿教师能识别自己的情绪、积极体验并能很好调节自己的情绪的能力,情绪积极而稳定。

严谨性:反映幼儿教师在工作中细致、严谨,工作有计划,条理性较好的品质。

　　进取心:反映幼儿教师在工作与生活中不断提高、完善自己,具有较强的成就动机。

　　这里把14个成分的内容提炼为幼儿教师所需要达到的9个指标,分别为:爱幼儿、职业认同、富有教育智慧、情绪积极而稳定、良好的人际交往能力、积极应对压力、自我统合、人格健全、不断追求专业成长。9个指标的内容之间会有些微重合,但这也正表明幼儿教师的职业心理素质是多成分有机融合的综合体,每个成分不可能完全独立于其他成分。幼儿教师在发展和提高自身职业心理素质的过程中也应遵循这一基本原则。

第二节　幼儿园教师常见的心理问题

一、幼儿教师工作稳定性的问题分析及对策

(一)幼儿教师工作稳定性的问题分析

　　当前,随着幼儿教育事业的改革,很多幼儿教师的"铁饭碗"被打破,不再是终身制,工作的安全感和稳定性问题成为她们的心结。年轻教师会担心一旦面临生子等重大问题时这个岗位是否还能保住,因此迟迟不愿意生育;年纪稍大的教师则会担心当前对幼儿教师的学历要求越来越高,各种教育改革接踵而来,令人应接不暇,是否有一天自己会被辞退;更多的教师可能还担心发生幼儿的安全事故,只要出现,自己是否只能"卷铺盖走人"……这种随时可能下岗的焦虑直接影响了幼儿教师的职业幸福感。对此,我们首先来分析幼儿教师产生这些焦虑的原因。[①]

---

① 张文玲.幼儿园教师科学素养的调查研究[D].辽宁师范大学,2007:18.

第七章　新时代幼儿园教师的心理素养研究

1. 与教师本人的经济状况直接相关

从对师范生的家庭背景调查来看,很多学生选择报考师范院校的一个重要原因在于家庭经济状况相对较差,而师范院校相对别的学校来说,学费较低,并享有一定的补助。他们在毕业后需要通过工作来为自己提供物质保障,如果下岗则意味着没有收入,面临着生活的困难。因此,他们不得不时时绷着神经,竭力避免自己失业,这种对未来生活的担忧时时煎熬着他们。

2. 传统就业观念的影响

一方面,在计划经济时代,师范院校毕业的学生是包分配的,可直接担任教师,享有固定的编制,因此,在很多人看来,就读师范院校意味着担任教师,不用担心失业或在职场中努力竞争的艰难。这种观念即使在当今幼儿教育事业改革时代,也依然深深地影响着师范院校学生,他们也抱有这样的一份期望。一旦他们要面临公办教师编制被撤销,保障被打破,则自然而然带来了强烈的不安和失落。另一方面,由于幼儿教师绝大多数为女性,而我国传统性别角色思想认为女性更应以家庭为重。即使在提倡男女性别平等的今天,女性逐渐拥有自己的工作,社会依然认为这是在能兼顾家庭的前提下,因此,最好这份工作是稳定的、清闲的,这样才能把更多的精力投入家庭中。一旦这种工作的稳定性被打破,幼儿教师要想在工作中取得更大的成就势必需要投入更多的精力,投放在家庭中的精力则相应减少。一位全国知名的幼儿教师曾经在访谈中说过:"虽然我现在工作干得不错,但对自己的孩子我挺内疚的,我是研究幼儿园语言教育领域的,我在全国各地上了大量的绘本阅读课,可到目前为止我给自己的孩子讲的故事却屈指可数。孩子现在的学习成绩不太好,我想我要负一定的责任……"所以我们经常会看到当事业和家庭冲突时,一些教师舍弃事业选择家庭这一现象。这种既想干好工作又想照顾好家庭的两难心理导致幼儿教师充满焦虑。

3. 国家政策的影响

受国家政策影响,当前我国公立幼儿园和私立幼儿园并存,而公立幼儿园教师大多为国家正式编制,工资多为财政拨款,教师收入稳定,福利待遇较好,一般不会面临解聘等问题;私立幼儿园教师大多是幼儿园与教师协商签订,多是聘任制,非但待遇不高,工作也随时有失去的可能。日本教育家小原国芳曾说过:"不使发生任何错误与过失的教育是安全的教育,但这种教育不是一个好的教育。"也就是说,在教育过程中发生错误是正常的,但对于很多没有编制作保障的幼儿园教师来说,任何一个小的错误都有可能使自己下岗。

4. 幼儿园管理的不规范

一些幼儿园特别是私立幼儿园未形成规范化管理,规章制度得不到落实;有的由于经费紧张,采购不达标的设备,幼儿安全得不到保障;给教师的待遇低;一些外行园长缺乏相关工作经验,凭个人感觉来管理幼儿园,而且还不善于听取别人的意见,等等,这些都导致老师对幼儿园的未来感到失望。这也是为什么即使同样没有编制、待遇相差不大的情况下,很多幼儿教师选择进公立幼儿园而不愿意进私立幼儿园的原因之一。

5. 教师的自信心不足

随着教育改革的推进,教师的流动性越来越强,很多幼儿园不断引进更年轻、更优秀的人才,人员更替迅速,尤其是近年来许多本科毕业生甚至研究生都直接走进幼儿教育一线,使得原有的幼师毕业的教师滋生危机感,并导致自卑心理,一些幼儿园管理中践行的"今日工作不努力,明日努力找工作"的激励方式,更是让幼儿教师在勤奋工作的同时感到前所未有的恐慌。

(二)幼儿教师如何应对工作稳定性问题

1. 认知调适

(1)接受幼儿教师工作流动性强的事实

随着政治、经济体制改革的大力推进,优化组合、合理竞争已成为社会生活的普遍现象,这也是社会发展的需要,有助于社会在更广的范围内配置人才资源,实现资源最优化组合;同时,随着交通越来越便利,尝试在一生中体验多种不同的工作的观念已为越来越多人所接受,幼儿教师也是如此。

第七章 新时代幼儿园教师的心理素养研究

(2)以乐观的心态看待工作流动性强的现象

当前幼儿教育改革使得幼儿园与幼儿教师形成双向选择,这有助于双方利益最大化:幼儿园选择到最合适的教师,而幼儿教师拥有更多的工作自主权,不必再在原地等待接受选择。当判断自己实在不适合在幼儿园工作时,教师可以灵活选择。幼儿教师应看到这种现象给自己带来的机会:我们可以在了解自我和熟悉各种职业特点的基础上理性、自主规划未来职业发展目标,把工作与自己的人生目标、幸福感的实现结合在一起,享受工作给我们带来的乐趣。当然,要注意的是,在主动辞职前,需提前给幼儿园打招呼,避免突然离职可能会带来的负面影响,如造成工作交接不到位,影响幼儿的正常学习和生活。[1]

(3)打破传统社会的性别刻板印象,重新认识自己的性别角色

要改变自己原有的传统性别刻板印象,即认为女性应依附于家庭、丈夫,应以家庭为中心,体贴、顺从、贤妻良母是女性的努力目标等。当女性幼儿教师发现自己有这些类似想法的时候应及时提醒自己停止这种想法,要告诉自己:这是一个性别平等的社会,女性一样可以追求独立、追求自己的事业;只要给予一定的空间,自己也能发展得很好。

2.行为调适

(1)努力增强自己的实力

我们发现,用人单位都希望能聚集最优秀的人才为其所用,因此会提供各种优厚待遇引进人才、留住人才。所以,若真正要杜绝自己对工作稳定性差的焦虑,应牢牢掌握工作的主动权,增强自己的实力。主要表现在:要增强教学能力、科研能力、班级管理能力、游戏组织能力等;加强理论学习,教师平时要开拓自己的视野,利用书刊、报纸、网络等各种资源了解当前的幼儿教育各项政策法规、先进的教育理念,与身边的同事、领导建立良好的人际关系,学人所长;认真研读幼教专家的著作,在实践中大胆尝试,总结经验。当然教师需要学习的太多,面面俱到可能什么都学不好,反而容易打击自己的自信心。每位教师都有自己个人的优势和不足,可以在分析自己的特点基础上,找出自己最擅长的方面,拟定学习计划,强化该方面的能力。[2]

---

[1] 赵雅卫.幼儿教师心理健康教育活动设计[M].上海:复旦大学出版社,2015:123.
[2] 邓诚恩.幼儿园保教一体化的理论探析与现实考察[D].西南大学,2016:37.

(2)抓住机会展现自己

当前竞争激烈,机会稍纵即逝,教师要抓住机会,一方面通过各种机会来锻炼自己,不断获得成功体验,增强自信心;另一方面,让领导看到自己的长处,增强领导对自己的信心,有助于领导在安排工作时与自己的能力结合起来。

二、幼儿教师的自信心问题分析及对策

(一)幼儿教师的自信心问题分析

案例 7-1:

幼儿教师 J,从国内某师范大学学前教育专业本科毕业,通过教师招聘考试任职于 C 市市直机关幼儿园。由于是新任教师,园所领导特意安排一名省骨干教师和她搭班,同时做她的指导教师。然而,工作不足半年,J 就向园长提出辞呈,说自己不适应这份工作,觉得自己"很差",和同班的主班教师相比,自己无论是一日常规工作还是教学工作,抑或是家长工作,都一无是处,觉得自己非常无能,想要逃离。

经过与 J 老师的多次沟通,园长发现她的不适应主要是因为对自己缺乏信心造成的,具体表现为以下几个方面。

1. 对自我缺乏整体的认识

总是拿自己的短处和别人的长处相比,看不见自己的优势。比如,别的教师歌唱得好,可是自己声音嘶哑,音色不佳;别的教师性格随和,和家长关系处得很好,可是自己又缺乏这种良好沟通的能力,等等。作为一名新手教师,J 老师因为缺乏足够的教育教学经验,在工作过程中出现一定的不适应,因此,如果仅仅从实践工作效果上,和其他有经验的教师比较,就很容易丧失自信。

2. 急于成功,恐惧失败

如果教师对于自己在工作中出现的一些问题,不能以积极的态度来解决,而是以躲避的心理面对,久而久之,问题得不到解决,困扰就会不断地累积,自卑心理便悄然在心底滋生。如本案例中的 J 老师,为了使

自己能尽快适应工作岗位,在工作的初期,她确实运用了很多办法提高工作能力,比如向同事学习、主动参加园所的各种比赛活动等,然而因为急于求成,加上不间断的工作失误,使自己的锐气大减,好容易建立起来的自信心也慢慢地消失殆尽。对于之后工作中所产生的问题,她的态度要么是畏缩要么是拖延,久而久之,累积的问题得不到解决,专业发展也因此停滞了下来。

3. 缺乏积极的行动支撑

对于一名新教师来讲,要适应自己的工作岗位,就必须不断地在工作中勇于行动、积极反思。积极的行动力是新教师成功的重要基石。如果对于工作中发现的问题,不能积极地寻求方法来解决,那么只能在远处观望成功。对于工作中的小失误,J老师如果能够坦然地接受,并积极地寻求方法去解决,即便不能在短时间内使自己成长起来,也会在小成功中不断地获得自我肯定,进而建立对自我的信念。

(二)幼儿教师如何树立自信心

根据以上对这位教师的分析,提供以下调整建议。

1. 认知调适

无论是新教师还是专家型教师,每名教师都有自己的优势特长,也同样都存在自身的不足和劣势。能否客观地认识自己,是个性是否成熟的重要标志,同时也是一个人是否能够获得成功的重要心理条件。在工作中,幼儿教师要善于把握自己的闪光点,突出自身的优势,从而培养自信心。如案例中的J老师,她有着非常敏感的心思,做事情很细致认真,专业理论基础也相当好,有一手好文笔。如果她能够清醒认识到自身的这些优点,并着力发展相关的专业能力,如重点发展自己的教育教学研究能力,那么一定会体验到成功的快乐。

2. 行为调适

积极的态度是解决问题的重要心理前提,而实际的行动则是问题解决的关键。

首先,列一个问题表。把自己在工作中遇到的问题详细地进行描述,并据其重要性进行排序。如:一日常规工作管理问题(幼儿不服从规则)—教学机制问题(突发事件不能有效处理)—家长工作方法问题(家长不信任)—户外体育活动组织问题(小组活动指导不力),等等。

其次,列一个计划表。将每个问题的可能解决办法进行操作性规划,规划内容要具体可行,可具体到每天做什么以及需要某人提供什么样的帮助。如教学中的突发事件处理的方法是每次备课时将各种可能性备进计划中,并提供不止一种解决办法,对于遇到的突发事件进行分析,对于处理方法的有效性进行考核,对于切实可行的方法进行备案处理等等。

再次,立即付诸实施。将计划中的项目进行合理安排,并在实践中有计划地进行落实。比如为了提高幼儿园一日常规中睡前准备环节的管理水平,教师采取了"走线游戏""结对子脱衣服""猫咪来了""小鞋子排排坐""小小床轻轻坐"等方式让幼儿有序进休息室、轻轻上床、安静入睡,从而提高睡前常规管理工作质量。

最后,对实施情况进行阶段评定,制订进一步的改进计划。对计划实施情况进行阶段分析总结,归纳出有效的方法,寻找一些需要改进的地方,从而为下一步改进工作提供建议。如"猫咪来了",是让幼儿像小猫咪一样轻轻走进休息室,可是因为缺乏符号提示,效果并不好,老师可以增加一些形象化的符号标志提醒幼儿。

三、幼儿教师的情绪管理问题分析及对策

(一)幼儿教师的情绪管理问题

案例 7-2:

M老师,某市公立幼儿园的聘任教师,从事学前教育工作已有三年,之前在中学任英语教师八年,因热爱学前教育事业遂辞职来到幼儿园工作。她热情大方,积极进取,深得领导和同事的好评,然而有时性情冲动,情绪表现激烈,甚至在某次和家长沟通其孩子不良行为习惯的过程中与家长发生言语冲突,进而导致家长与其发生肢体冲突。事发后,M老师认识到自己冲动行为的严重后果,真诚地向家长道歉,并与其和解。

虽然这位老师是一个尽职尽责、用心做教育的老师,然而,由于缺乏对情绪的管理能力,导致在工作中经常发生一些让自己追悔莫及的事情,这势必使得其教育效果大打折扣。分析这类问题,原因如下:

1. 对学前教育作用的片面性认识

教育幼儿是需要家长参与来共同完成的,家长的教育意识和教育能力是千差万别的,我们要有足够的耐心与其沟通,一起真正地关注孩子的发展。如果不能从教育的角度来和家长沟通,而仅仅从家长义务履行上来做家长工作,一定会遇到沟通的障碍,甚至会给教育带来负面的影响。例如,本案例中的M老师,和家长在沟通孩子的不良生活习惯的时候,由于过分指责家长不负责任,使家长情绪难以接受,从而导致家长与其发生冲突。

2. 急于求成,缺乏移情能力

有些教师急于解决工作中出现的问题,没有合适的方法,不顾对方感受,一厢情愿地加以处理,结果造成家长对自己工作的不理解,甚至造成家长的误解。幼儿教师应当从家长的立场出发,切实考虑到家长的内心感受和情绪状态,提高自己的移情能力,让家长感受到教师是真正从孩子发展出发、从服务于家长的教育需求出发而开展工作的。

3. 冲动带来的不理智行动

当一个人情绪失控的时候,行动力的效果往往会随之降低,因此,冲动带来的直接后果就是,问题非但不能得到解决,有时反而会更糟糕。有许多幼儿教师在面对所谓"不听话的孩子"时,往往气不打一处来,为了使幼儿服从,就采用惩罚的方式,大声斥责、剥夺权利甚至是体罚,而这些冲动之后的行为后果便是使幼儿受伤的同时,教师自身的权威消失殆尽,还有可能使教师陷于法律纠纷之中。[1]

(二)幼儿教师如何管理自己的情绪

调控自身情绪的基础在于正确认识自己的情绪状态,即判定自己的

---

[1] 蒋慧,吴舒莹,马梦晓.幼儿教师心理调适[M].福州:福建教育出版社,2012:165.

情绪状态,解释情绪产生的原因,并且能用恰当的方式表现自己的情绪。当教师在工作中遇到不如意的事情,应该怎么办呢?可以尝试着做以下调整:一是认清自己的情绪状态;二是分析其产生的原因,其中客观的有哪些,主观的有哪些;三是寻求帮助并尝试提出改善情绪状态的策略。具体如下:

- 理智的确认自己的情绪状态,接受这样的消极情绪。提醒自己,这样的事情谁都可能会遇到,而且都会有消极的情绪产生。
- 冷静地归纳这种情绪产生的原因,是对方无理取闹,还是自己讲话方式不对,或者是对方误解了自己的意思,抑或是自己并没有准确表达自己的意思。
- 在归因的基础上,进行自我剖析,并对这件事情进行重构:如果遇到同样的事情,可否采用更好的方式来处理,以改善事件处理的结果。

四、幼儿教师的婚姻问题分析及对策

爱情是人类感情中最美妙的一种体验,是每个人成长经历中最基本和最精彩的环节,是每个人生命中不可或缺的部分,是建立美满幸福家庭的关键。幼儿教师同样有对爱情的需求。幼儿教师需要通过爱情获得支持、信任、重视、欣赏、赞美、亲密、沟通、关心和理解等。正所谓:"不能安家,何能立业?"幼儿教师的婚恋情况如何?职业的特性是否会对她们的成家立业造成一定的影响呢?

(一)幼儿教师婚姻状态分析

天涯论坛上曾发过一则《幼儿园老师婚姻无着落!》的帖子,引发网友的广泛讨论。网友指出:幼儿园老师接触面窄,所以很多大龄老师还没有结婚,就算结婚的也大多数是通过相亲的,自由恋爱好像是不太可能。这些老师多才多艺,有爱心、耐心,长相也乖巧,可是为何连选择自己爱人的机会都没有?这绝对是幼儿园老师的一个大难题。

传统观念中,幼儿教师是比较易嫁的群体。温柔贤淑、富有爱心,多才多艺,假期多、能照顾家庭是人们对幼儿教师的普遍认识。然而,现在幼儿教师的婚恋问题却成为她们生活中的难题,给她们带来困扰,长此以往,不仅影响个人幸福,还会影响工作效率。经深入剖析,有以下几方面原因。

1. 工作强度大

曾有一位小学教师进入幼儿园观摩后感叹:"原来要当一名幼儿教师是这么忙这么累的。"一日的生活皆教育,幼儿教师需要在上班的时间内全神贯注。

2. 交友面窄

由于职业的限制,幼儿教师的交友面较窄。从职前教育开始,幼教专业学生群体大多是女子军,有些学校的学前教育专业甚至明文规定不招收男学生。进入工作岗位之后,幼儿园中主要的职业群体同样是以女性为主,因此,很少有与异性接触的机会。

(二)幼儿教师如何处理婚姻问题

1. 认知调适:端正自身的择偶标准

西方多项研究发现,一般说来,与和自己价值观相似的人结婚后离婚率更低。因为相似的人容易移情,和我们相似的人我们理解起来更为容易,越不容易背叛感情,在婚姻中更能充分交流、相互尊重、宽容谅解。

2. 行为调适:成为独立自主的个体

现代女性首先一定要自立,接受一定的教育,拥有独立的思想能力,有自己谋生的手段,还要愿意去工作。另外就是要保持女人的特质,就是做一个独立的人,一个可以信赖的女人。在婚姻情感上,请相信幸福要与另一个人一起创造,一起经营。一个人,在懂得去爱别人之前要先懂得爱自己,用心地经营自己的生活,通过多种途径去丰富自我的精神生活,不仅要为自己带来幸福,还要积极地为你周围的人带来快乐。[①]

---

① 吴扬. 幼儿园教师融合教育素养的调查研究[J]. 中国特殊教育,2017(11):8-13.

第三节　幼儿园教师的自我调适

一、幼儿园教师自我调适简述

当前,幼儿教师的幸福感问题日益受到重视,许多专家、学者呼吁社会、政府等应为提高幼儿教师的幸福感做出努力。作为主观感受的幸福感是很难通过外在的教育、提供帮助而快速改变的,它更需要依靠教师自身的努力,把消极压力向着积极的、建设性的方向进行转化。那么,应从哪些方面来进行幼儿教师心理自我调适呢？归纳起来主要有以下方面。

(一)强化幼儿教师的自我调适意识

幼儿教师应强化自我调适的意识,应该要认识到幸福既不是上天注定的,也不是别人赐予的,而是要靠自己主动去把握的。

1. 预防压力意识

压力有一个动态的积累过程,即积极压力发展到一定程度时会转变为消极压力,因此,如果能在转变之前加以识别,采取合理的策略,就能够避免或减少消极压力带来的伤害。

2. 积极应对压力意识

当压力来临时,我们要有积极应对的意识,接纳既成事实,努力找出解决问题的方法,才能尽快减轻压力带来的负面影响。

案例 7-3：

正式开学前的一天,临近下班时园领导突然通知小班两个班的主班教师第二天上班时上交本学期的教学计划。由于准备开学这段时间大家都忙于对即将入园的幼儿进行家访和布置环境,教学计划都还没来得

第七章　新时代幼儿园教师的心理素养研究

及写。A班的肖老师一听就急了,觉得就一个晚上的时间自己不可能完成,明天肯定交不出来,心想:领导是不是故意要整自己,往年都是开学一周后才交的,今年明知道我们都在忙却还提前。她回到家心神不宁,一会儿犹豫要不要打电话问问其他同事是不是也要交,一会又想打电话向领导申请推后两天才交。就这样,一个晚上过去了,肖老师的教学计划如她预想的那样没有完成。而B班的雷老师接到这个任务后,在回家的路上就开始琢磨:从现在到明天交还有多少时间,总共有多大的工作量。经过这一分析,她发现,如果按照自己平时的工作效率,大概可以花四个小时左右完成,只是今晚睡觉的时间要推迟大概一个小时。于是,回到家她就先告诉家人自己今晚的任务安排,然后吃完饭后就立即行动起来,结果她不到四个小时就完成了任务。

(二)提高自我调适能力的途径

很多幼儿教师常感觉到自己的生活并不是很幸福,但又无力去改变当前状态,只好以一种"认命"的态度对待自己的生活。即使部分教师有一定的调适意识,但由于采取的调适方法缺乏针对性和有效性,也没能很好地解决问题。因此,幼儿教师在自我调适能力的提高方面还需大力加强,可以采取以下途径来进行。

1. 向幼儿教育专家、学者等专业人士咨询、学习相关知识

现在教育主管部门和教研部门经常组织幼儿教师培训,邀请一些幼儿教育专家、学者就教师遇到的实际问题进行交流,幼儿教师可以向他们多咨询,学习相关知识。

2. 阅读相关书刊

幼儿教师可购买一些心理调适方面的书籍,从中获取自我调适知识和技巧,也可以购买幼儿教育专业书籍,通过提高自己的专业知识素养和教育能力,更好适应本职工作,从而在工作中游刃有余,轻松面对,获得更多的职业成就感和职业幸福感。

3. 利用网络学习

随着信息技术的发展,互联网为人们的学习提供了一种新的方式,

我们需要的任何信息几乎都可以在网络上搜索到。当然,尽管网络可以提供便捷的学习资源,但网络并不是专业帮助的替代品,要深入了解自我调适的知识,还需寻求更专业的渠道。

推荐部分比较知名的幼儿教育网站:

国内:教育部、中国学前教育研究会、北京学前教育网、上海学前教育幼儿教师心理调适网、摇篮网、中国幼儿教师网、联合国儿童基金会官方网中国站等。如果想了解更专业的一些理论,中国知网是一个较好的选择,可以获得各类学术期刊、学位论文、报纸等学术资源。

国外:全美幼儿教育协会官方网(网址:http://www.naeyc.org/)、联合国儿童基金会官方网(网址:http://www.unicef.org/)、澳洲幼龄期保育组织网站等。

再次强调,我们不仅要了解这些方法和策略,更要将这些方法落实到自己的实际行动中。每位幼儿教师都或多或少遇到过压力,都有在现有的基础上提升自己的职业幸福感的需要。因此,这种自我调适并不只是针对压力特别大的幼儿教师,暂时并没有感受到很大的压力且幸福感较好的幼儿教师也可以提前做好预防,尽可能避免过大的压力。

二、职业压力与调适

工作是一天中除了睡觉外占用时间最多的活动,幼儿教师在工作中感知到的压力直接影响她们的职业幸福感,而幼儿教师的职业幸福感直接影响她们的整体生活幸福感。

人们一提到幼儿园,往往会联想到幼儿的活泼可爱、天真烂漫,幼儿教师的温柔快乐。在他们看来,幼儿教师成天和一群单纯的幼儿打交道,工作轻松简单,没有任何烦恼。然而,事实上并非如此。"幼儿真难管!""幼儿吵死了!""家长难打交道!""工作没有成就感!"之类的抱怨声不断;同为从事幼教行业几年不见的同学一见面就是发不完的牢骚,都琢磨着如何换工作;打开网页随处可见幼儿教师的博客、空间中满载着辛酸。不少幼儿教师明确表示自己的脾气越来越不好,在家常常因为一点小事就跟家人发火;一天工作下来累得动都不想动,只想躺下;疲于应付无穷无尽的检查,时常在睡梦中因为工作的事惊醒;对幼儿越来越没有耐心,个别教师甚至会将工作、生活中的烦恼迁怒于幼儿,报刊、网络

第七章 新时代幼儿园教师的心理素养研究

上关于教师训斥、辱骂以至体罚幼儿的报道屡见不鲜。①

我国古代思想家孟子曾说过人生的三大乐事之一就是"得天下英才而教育之"。幼儿教师的工作本应是一件充满乐趣的事情,但为什么原本对工作充满期待的幼儿教师却慢慢地失去了热情,最后只感觉到压力和单调,而不是幸福感呢?有研究者认为,教师职业本身就具有一些容易引起压力的特征:工作中时间压迫性及人际竞争性强;需要频繁调动工作地点或内容;缺乏伙伴性的工作环境,需要个人负责,较少有人可以共同承担责任;缺乏社会认同感,社会价值观评价等级较低;作息不正常,缺乏规律。当然,在当今高速发展、充满机遇和挑战的社会中,每个人都会面对不同的压力。我们是束手无策、听之任之,日复一日地直到退休,让压力如影随形,还是应该积极行动起来力争改变呢?答案不言而喻。或许需要我们做出一些努力,找出导致这些消极压力的因素并加以解决,从而使我们的工作变得更加可控、更有激情,幸福感指数更高。

(一)幼儿教师职业压力调适之工作负荷

1. 幼儿教师工作负荷分析

案例7-4:

例1:谭老师是某幼儿园大班的班主任,工作责任心强,平时班级事无巨细她都操心。最近园长在开会的时候号召大家积极参与到本学期新的课题中来,这个课题是一套刚开发的课程的试点。这对提高教师的个人素质有很好帮助,但除了原有的常规工作外,相应地也增加了不少任务:因为是新课程,一些配套资源还没到位,课程的针对性和实践性也未得到很好的检验,因此,参与课题的教师需要根据本班幼儿的特点提前一周备好下周的课,并准备好相应的教具;每周写两篇课程实施反思笔记;要在课程实施前召开家长会跟家长进行沟通、说明,以取得家长的支持,在实施过程中还要定期向家长反馈;每周要有一个下午参与课题实验组讨论等。谭老师当场对园长的这个新号召进行了评估:一方面,自己希望能在专业发展上更上一层楼;另一方面,园长已经明确参与课题将与期末考核结合在一起,大部分教师都参加了,自己也不能落人后。

---

① 蒋慧,吴舒莹,马梦晓.幼儿教师心理调适[M].福州:福建教育出版社,2012:178.

权衡过后,谭老师报名了。从那以后,谭老师发现自己每天比以前更忙了:完成正常的带班之后,就是备课、准备教具、布置环境、整理观察记录、写反思笔记在幼儿园的时间根本不够用,因而很多工作直接带回家做。就算是这样,有时还是来不及准备第二天要交的反思笔记。谭老师觉得自己的工作压力很大,生活一团糟,深感疲惫。①

很多在幼儿园工作的教师都会对案例中的这位老师的工作状况感到熟悉,甚至认为就是自己工作的真实写照。为什么总是觉得没有足够的时间处理想处理的工作?为什么觉得工作太多、太杂,毫无条理?究竟是幼儿园的客观工作状况使然,还是由于其他因素导致的呢?经过分析,导致幼儿教师这方面压力产生的原因主要有:

(1)客观的工作内容多、时间长

只要当班,幼儿在园的各个环节教师都要负责:既要关照他们的生活,又要组织集体教育活动、游戏等。一个班级往往只配备两位教师一位保育员,但幼儿却有 30 人左右,一些地区的班级甚至达四五十人。家长工作是教师工作的第二大内容,幼儿教师每年接新班或新的幼儿插班时都要提前进行家访,了解幼儿的情况,平时在家长来接送幼儿时与家长沟通,进行家园联系,每学期还要组织家长开放日、亲子活动、家教讲座等。另外,环境创设、备课、准备教具和学具、写观察记录和论文、制作幼儿成长档案、参加公开课比赛、参与课题研究、接待领导的检查、同行听课、参加业务学习等都是教师的工作职责范围。可以说,幼儿教师工作任务重是一种普遍现象。国家规定幼儿教师工作时间为每天 8 小时,但幼儿教师工作时间一般都远远超过这个时间。把工作带回家来做已成为家常便饭,更有甚者,家庭成员都成为免费的帮工,工作和家的分界也荡然无存,相应地幼儿教师花费在家庭上的时间大大减少,久而久之,家庭成员之间的关系也容易紧张。

(2)缺乏时间管理的技巧

不少幼儿教师每天都是匆匆忙忙的,总觉得有做不完的事,但当一天工作快结束时回顾时,往往又觉得似乎也没完成什么工作,还有大量的任务等在那里,因此,心情非但没有得到放松,反而觉得压力更大。一些教师在工作时分不清重点和难点,如果反问自己一天工作的重点和难点时,很多教师回答不上来。这些都说明幼儿教师虽然很忙,但并不清

---

① 袁月.吉林省幼儿园教师健康素养现状及干预效果评价[D].延边大学,2016:26.

第七章 新时代幼儿园教师的心理素养研究

楚其时间是否发挥了最大的意义和价值。因为有限的时间只有放在最重要和最紧急的工作上才是最有价值的，如果本末倒置，把大量的时间放在一些不重要也不紧急的事情上，就会发现到最后没有很好地完成那些重要和紧急的工作。

教师可以对照以下问题，帮助确定是否缺乏时间管理的技巧：

当看起来工作很多时，我是否逃避开始工作？

我是否承认自己的时间如何使用需要做一个计划？

我是否花费很多时间去做那些不重要的工作？

我是否承认自己在工作的时候，经常被同事或其他人打扰？

我帮助他人完成任务的时间是否多过自己完成任务的时间？

我认为最后期限是一种激励还是莫大的压力？

我是否争着完成那些本可以由他人完成的任务？

我是否总在低估做某事所需要的时间？

当你的回答大部分是"是"的话，这就说明你需要学会一些时间管理的技巧了。

（3）不会合理地拒绝

一些幼儿教师是我们常说的"老好人"，很难对别人说"不"。这些教师经常不太分得清楚自己的责任和别人的责任，通常会自愿把很多工作揽到自己头上，或当别人请求她帮忙时，明知道时间不够却不懂该如何拒绝，但一旦应承又开始后悔，当完成不属于自己责任的工作时发现已没有时间来完成自己的任务了。

（4）完美主义

一些幼儿教师有完美主义倾向，总认为自己应成为最好的老师，工作质量应最高等，为了避免自己工作出任何差错而陷入后悔、挫败、自怨自艾中，他们只愿意在各方面条件都完善的情况下才开始工作，由此导致工作不断拖延。

（5）教师自身的认知偏差

当与很多一线幼儿教师交流时，不少教师表示自己原来以为在幼儿园工作只是负责带领幼儿开展各类活动而已，根本没想过有这么多的事，与其原本的期望完全不吻合，由此导致了她们对现实工作产生抵触心理。尤其在做了很多工作后发现并没有多大的效果时，这种抵触心理更强烈，工作能拖就拖，不能拖就应付。

2. 如何应对繁重的工作负荷

面对这种状况,可以采取以下的调适方略。

(1)认知调适

进行自我对话。告诉自己:幼儿园工作很可能就是这样的,但我想我是可以完成的,只要我从现在就开始做;或:我现在已经没有多少时间了,我不能再犹豫了,从现在开始做我就有希望完成。同时,也要承认自己不是超人,不是分内分外的工作都能做完,在完成的过程中出现一些纰漏也属正常。

了解自己的工作能力。分析自己的工作效率和能力,理性、客观地看待自己的工作。

承认自己的拖沓。很多时候我们感知到工作量大的压力来自我们的拖沓,但当我们习惯拖沓的时候往往不肯面对自己的这一问题。事实上,只有承认这一问题才能让我们更好地思考解决方法。

(2)行为调适

承担自己能完成的工作。不能因为一些外在的如竞争、奖励等因素勉强自己承担无法胜任的工作,到时没有完成反而会造成更坏的影响。一旦判断完成指定的工作可能需要花费大量的时间以至会影响你完成其他工作时,要及时提出来。提出来并不代表完全的拒绝,可以先表明自己当前的状态和正在进行的工作,领导了解实际情况后,如果认为需要你继续承担,会在时间和资源上给予你一定的便利,比如延长截止日期,或提供更多能帮助你完成这项工作的资源等。

进行时间管理。时间是公平的,对于任何一个人来说,一天 24 小时是不变的。如果能对时间进行很好的管理,充分利用时间,就能尽量在短时间内处理更多事物,从而减轻工作带来的压力,变得更加从容。不会进行时间管理则既会影响工作效率,还会把自己弄得混乱不堪。以下是进行时间管理的步骤,教师可以对照来进行练习。

列出工作清单。可进行短期和长期工作的结合。如先按一星期作为时间单位列出本周内要完成的所有工作的清单。再以天为单位列出第二天所有的工作。由于第二天的工作往往还会依据具体情况作出调整,因此头天晚上睡觉之前进行安排计划最为合适。当熟练了这种列清单方式后还可以扩大自己的宏观思维,列出每个月、每个学期的主要工作,有助于教师在工作时做到心中有数,考虑到前后工作的衔接,提高工

第七章　新时代幼儿园教师的心理素养研究

作效率。

对所有工作进行优先排序。先对照清单将每件工作按照重要性、难度、紧急性三个维度各自单独排序：A代表紧急性，B代表重要性，C代表难度。先进行两两排列组合，如按重要性和紧急性组合进行排序，再按重要性和难度组合进行排序，最后按紧急性和难度组合进行排序。可能的情况下进行三个维度的组合排序。经过这一系列的排序，教师对自己接下来要进行的工作就有底了。

确定工作的重点：按照心理学上的20/80原则，即我们所做的最重要的20%工作能给予我们80%的回报。按照这一最优化原则，我们应把主要精力集中在这少数的工作上，以最短的时间实现最大的价值。因此，我们要先找出这个时间单位内最重要的20%的工作，可能只有一两件。如明天的工作重点之一是制作本月主题墙。可以根据不同的时间单位找，如找出每周的工作重点，每天的工作重点等。

确定工作的难点：工作的难点往往是我们不太擅长或很复杂的工作，如我们可能不善于写作，但园领导要求本周末必须交一篇反思笔记，那么这就是我们本周工作的难点之一。有时工作的重点和难点是重叠的，那么我们更要注意留出相应的时间了。可以根据不同的时间单位找，如找出每周的工作难点、每天的工作难点等。[①]

考察自己时间管理的特点。从现在开始，以天为单位把接下来三天所做的各项事情花费的时间分别做一个详细记录，只要是你做过的事情及其所花费的时间都应记下来，不论是有关工作还是生活，细到半小时或几分钟。两到三天后进行审查：了解最近这几天自己在不同的工作上花费时间有何特点。记录结果可能会令你大吃一惊：你可能把大量的时间花在不太重要的制作教具、学具上，一天最后的时间才用来做最重要的工作；只有少量的时间留在其实对你来说很难、需要花很多时间完成的工作上，导致你总是完成不了很难的工作，从而降低了自我效能感，让你总是害怕再进行类似的工作；在等待洗衣机洗衣服的时候只是在无聊地看电视或是上网，而当想起其他工作还没完成的时候发现该休息了；有些工作其实并不着急但因为容易便提前开始了，占用了大量时间，而那些紧急的工作却被搁置了等。

---

① 张艳丽.幼儿园教师健康素养研究[D].安徽师范大学，2016:39.

然后，进一步分析：

按照记录表找出自己可以用于工作的时间具体有哪些，尽可能把工作时间和其他时间分离出来。

在每项工作上所花费的时间。

每天工作效率最高的时间段是在什么时候。

在这些工作时间内可以简化哪部分工作。

哪些事情其实不属于工作内容，在时间紧迫的情况下可以排除的。

是否花了太多的时间在网上或看电视等。

找出你认为可以进一步充分利用的时间进行调整，如重新排列每天的不同工作，减少在某些事情上花费的时间，从而可以充分利用时间和节约时间。当然要注意的是，进行时间分析并不是要求每位教师成为工作狂，要实现我们的幸福还需要每天给自己留出相应的时间用于吃饭、放松、锻炼以及休息等，这样才能实现可持续发展。

确定时间表。不同的幼儿园，教师的工作时间安排可能不同，部分幼儿园的教师实行两班制：早班老师早上接待幼儿入园，上午带班，中午吃饭、休息到一点，一点以后是备课时间，在幼儿起床时协助下午班老师，三点左右下班；下午班老师一般比早班教师晚一个小时上班，然后直接配活动区，九点以后可以备课，中午吃饭后回班看幼儿午睡，一直带班到幼儿离园。同一班级的两位教师可能轮流早晚班，也可能连续几天轮同一班。也有部分幼儿园要求早班教师也要等到下午幼儿离园才下班。教师可根据自己的轮班时间确定时间表。

时间块：先按在班与不在班标准进行时间的分配，因为教师在班和不在班一定程度上限制了教师工作的性质，如在班时间教师是无法进行论文写作的。

早班教师：

上午 7:30—12:00 在班

中午 12:00—13:00 午饭/休息

下午 13:00—15:00 不在班

15:00—17:30 不在班（对于不要求在园或离园的教师来说：15:00—16:00 交通时间/休息，16:00—17:30 不在班）

晚班教师：

上午 8:30—9:00 在班

上午 9:00—11:30 不在班

中午 11:30—12:00 午饭/休息

下午 12:00—14:30 幼儿午睡

下午 14:30—17:30 在班

在此基础上,教师按在班与不在班可以安排相应的工作,如早班教师:

上午 7:30—12:00 在班(除了按照幼儿一日常规作息时间安排外,还可以依据本周或当天的工作内容安排与幼儿一起进行主题墙的制作、观察记录等)

下午 13:00—15:00 不在班(写作反思日记、备课等)

15:00—17:30 不在班(写作反思日记、备课等)

值得注意的是,教师对不在班时间内工作的安排一定不能把重要的、紧急的、难的工作放在最后,而应把最不重要、不紧急、不难的工作放在后面。

为了帮助教师更好地管理时间,还应该进一步分割各块时间,通常可以以半小时为单位进行分割,并标注好某一工作的最后完成时间。对于大的工作任务来说,可能当天未必能完成,那么就需要把这些大的工作任务按工作步骤分解成小任务,为每一小块任务确定最后的截止时间,这样有利于监督自己的工作效率,督促自己尽快完成工作。

另外,教师还应留出一定的机动时间,以防一些突发情况出现而打乱整个时间表,如上午留出 20 分钟或下午留出 20 分钟等。

当时间表确定后,就可以按照时间表的安排执行了,在每天或每个计划的时间单位结束后,对已经按计划完成的工作做好标记。

执行。执行是按照时间表开始工作。执行最难的在于严格坚持。

注意要点:

在一个时间段内进行一件事,当注意力同时分散到多件事情上时工作的效率会降低。

当按时完成小任务时适当地给自己一定的奖励。

为了监督自己的工作进度,有时还可以把进度表交由第三者管理,由第三者来监督,形成执行的动力。

分析自己工作效率最高的环境是哪里。你可能会发现你在一个私人独处的空间中效率最高,而在办公室却容易被干扰,那么你可以考虑回家备课或进行观察笔记的整理。如果幼儿园规定教师即使下班后也要坐班,可以试着与园领导商量,诚恳地表达自己的想法。或者你可能发现你与别人讨论时能获得不少的灵感，工作效率最高，那么你可以选择在教师办公室工作。同时注意的是，一旦开始工作后要养成专心的好习惯，保持工作环境干净整洁，尽量少分心，如不要上网、看电视、收发邮件等。互联网的出现本是减少我们的工作量，但有时我们习惯于先在电脑上查找资料，而无论是搜索资料下载还是筛选资料都花费我们不少的时间，反而影响了工作效率。

学习如何对别人提出的那些你无法完成的请求说"不"。有些工作在你的职责之外，而同时你的工作时间已远远不够时要懂得拒绝。拒绝时语气一定要坚定，伴随的身体语言也要坚定，以免别人觉得你是不确定要处理大量事物或不真诚。但如果你的时间相对宽裕，那应尽量帮助别人，这样你也会得到别人的回报。同时，拒绝时也可以试着为对方提供另外的替代方案，如告知对方在什么地方可以找到相应的资源等。

不要养成拖延的习惯。当我们感觉工作繁重或难度太大时总会产生一种逃避心理，事实上这种逃避往往是无用的，最终我们还是要承担相应的责任。拖延的人常表现出将今天/本周该做完的事情拖延到明天/下周等。产生拖延习惯往往来自三个因素：懒惰或缺乏热情、恐惧失败和即时满足的需求。时间管理学者将这些拖延者分为三种类型。

简单的拖延者：一些人有意做一些事情来代替手头的工作，如看电影等而不去写反思记录。

欺骗性的拖延者：在工作中显示出自己很忙碌（如一会制作教具，一会可能忙着查找资料等），找各种借口不去完成重要而又紧急的工作，直到最后一分钟。这种拖延者以表面的忙碌来欺骗自己，理直气壮地告诉自己：不是不愿意完成，而是已经尽力了。

时间陷阱的拖延者：做一些比要求的工作相对简单的任务（如在完成备课或写论文之前洗衣服等），或以别人的事情为借口来拖延自己的工作，往往把时间用于帮助其他人。其结果是：没有足够的时间完成一项高质量的工作。

除了这三种外，还有很多幼儿教师拖沓往往是因为过于关注工作中的一小部分导致的，如对论文的第一段或第一句话反复修改，或为了制作某一个教具细节需要的材料而到处寻找。

如果你也有拖延的习惯，看看自己是否属于上述几种类型，回顾自己的工作，评价这一习惯是否影响了你的工作。如果是，你可能需要采取行动加以改变，如为自己制定严格的工作计划表，确定一个最后的时

第七章　新时代幼儿园教师的心理素养研究

间期限,一旦接受任务就要尽早开始,早一分钟开始,就早一分钟结束。犹豫拖延只会浪费自己的时间,事后又后悔自己当时没有尽早做,浪费了时间,这样,本来一件事只需要五分钟就可以完成的,结果拖延了五分钟,做了五分钟,后悔了五分钟,最后变成十五分钟了。很多时候,当领导安排我们做某件事时,我们先会去问截止时间,当知道截止时间还很长时,我们就会放松下来,想着还早,暂时不用管它。到时间差不多的时候才想起来开始做,结果到了截止时间却还没做完,只好再延期。其实,只要答应了一件事情就立刻去做,绝不拖延,与其将来紧张,不如现在立刻动手。①

不断提醒自己:我只有在做的过程中,才能知道哪里有不足。并告诉自己:任何人都可能犯错,我已经尽力了。试着降低自己的要求,检验一下会有什么后果,很可能反而让你感受到喜悦,因为你会发现你提早开始工作既减轻了工作压力,还让你有更充足的时间修正。记住当一项工作完成时带给你的美好感觉,让这种感觉来对你进行强化。

(二)幼儿教师职业压力调适之安全责任

1. 幼儿教师安全责任压力状况分析

对于幼儿教师来说,"安全"二字是悬在头上的一把剑。很多老师表示自己在幼儿园工作时提心吊胆,精神紧绷,每安全地过完一天都会舒一口气,感到庆幸。因为安全是幼儿园的首要大事,正如一位老师所说"教得再多,也会被哪一次摔跤所抵消……"一旦出现后果就很难预料。即便再注意,有时幼儿依然会在某一瞬间出问题,令人防不胜防,这也是很多幼儿教师不愿意继续在幼儿园工作的原因。有没有办法可以帮助教师减轻这种压力呢?对此,首先我们要对导致教师安全责任压力的原因进行分析。

(1)幼儿具有好奇、好动的天性

幼儿总想尝尝掉地上的小果子究竟是甜的还是酸的,而不顾这些小果子是否有毒;同时,他们的神经系统的抑制功能还未发育完全,容易兴奋,喜欢活动,而行动的协调性却较差,加之生活安全知识经验缺乏,这

---

① 张艳丽. 幼儿园教师健康素养研究[D]. 安徽师范大学,2016:42.

些都需要教师时时绷紧神经来关注。

(2)幼儿集体生活的不适应

幼儿园是幼儿最早接触的社会教育机构,幼儿进入幼儿园之前主要生活在家庭中。受我国计划生育政策的影响,现代家庭中往往是几个大人围绕着一个幼儿转,给予幼儿无微不至的关心,能及时满足幼儿的需要,杜绝危险。而当幼儿初次进入集体生活场所中时,一方面,这种集体生活方式与幼儿以往的家庭生活方式有着很大的差异,任何一个幼儿不再是大人的唯一中心,一位教师要面对多名幼儿,即使教师打起全副精神,眼观六路耳听八方,还是难免会遗漏,这就为安全问题的出现埋下了隐患;另一方面,幼儿还没有学会集体生活的技巧,尤其是与人交往的技巧,自我中心意识较重,因此,幼儿之间容易发生冲突,引发一些安全问题。

(3)教师的安全意识和急救能力不强

很多教师的安全意识不强,安全知识欠缺,对幼儿园各项生活环节可能存在何种安全隐患并不清楚。户外活动中往往有较高危险系数,这是因为户外的活动场地大,幼儿更自由,情绪更高涨,容易出现冲动行为。另外,一些教师在工作中存在侥幸心理,觉得以前没有出过问题,应该不会恰恰在这个时候出问题的,于是忽视了应有的对环境、器材、幼儿的检查,在幼儿活动过程中干自己的事、聊天等,对于幼儿的一些不安全行为也不及时纠正,不对幼儿进行安全教育,从而为安全事故的发生埋下重大隐患。

在实践中我们发现,很多教师并没有相关的急救知识,缺乏相应的训练,一旦幼儿出现安全事故,教师就束手无策、不知所措,不仅延误了对幼儿的救治,严重的甚至造成不可挽回的后果。由于教师缺乏急救能力,在工作中总是竭力避免事故的发生,也由此导致自己精神紧绷。

(4)家长对幼儿安全问题的重视

当前多数幼儿园的幼儿已属于独生子女一代。家长对这些幼儿的期望更高,一旦幼儿出现安全问题,家长就会非常紧张。即使幼儿在幼儿园活动时正常的摔跤、磕碰都会对教师盘根问底,甚至不分青红皂白地责怪教师。现在任何幼儿园领导都非常重视家园关系,一旦遇到家长投诉,教师就要受到批评或其他处分。

第七章　新时代幼儿园教师的心理素养研究

2. 幼儿教师如何应对安全责任压力

(1)认知调适

树立"安全第一"的意识。教师首先要转变思维。幼儿年龄小,身心发育不完善,安全意识不强,需要教师的关注和提醒是必然的。教师了解了一些可能的安全隐患后应要做到心中有数,有重点地关注。总的说来,教师的安全意识主要体现在以下方面。

一日生活各环节均不能松懈:了解幼儿园从晨检到幼儿离园一日生活各个环节中容易出现哪些安全隐患,如晨检要注意检查幼儿的衣服、书包是否藏有小的危险物品,衣服是否带有长条的绳子或带子,家长的接送卡是否一致,是否已经确认幼儿到位等。

对幼儿会用到的设备、器材,无论大小,一定要提前检查,保证安全、卫生。

对来接送幼儿的外来人员等都要加以关注,保证人卡一致。

组织活动时教师需将所有幼儿的活动范围尽收眼底。

适时地利用各种机会对幼儿进行安全教育。

不能抱有侥幸心理。

(2)行为调适

①提高安全事故处理能力。利用各种资源学习相应的急救知识。幼儿教师应学习幼儿常见的安全事故急救知识。我国的医疗资源还相对不够,发生安全事故时,幼儿往往短时间内很难得到专业医护人员的帮助。教师若具备一定的急救能力则可能把伤害减少到最低。教师可以帮助幼儿处理日常活动中轻微的伤害,甚至有时还能在特殊时刻起到关键作用,如在等待救护车或保健医生来临前进行简单处理,能让幼儿少受些伤害。教师在学习理论知识的同时还可找同事或其他人员进行演练,尽量确保具备基本急救能力。

下面为吞咽异物的应急处理方法:

吞下扣子、硬币等可用 X 光照出,而胶质纽扣等用 X 光难照出,但这些物品可通过胃肠随大便排出,应提醒家长注意观察,确认排出。如吞入后,儿童出现咳嗽、呼吸困难等,说明异物进入了气管,需要立即送医院抢救。

吞下花生米等这类物品很危险,因为不能用 X 光照出,若在气管,花生吸了水会膨胀,进而堵塞气道,引起窒息。因此,要特别注意。

误服毒物。若很明确是非强酸强碱类毒物,可让儿童趴在大人腿上,用手刺激儿童的咽部令其呕吐,吐出毒物后服大量牛奶;如是强酸强碱类的,除了喝牛奶外,要立即送医院抢救,千万不能自行让儿童呕吐,以免耽误时间。

误服药物。若已经知道药物的名称、服下的时间等,如药物不严重的话可给儿童喝一些牛奶或清水,以减轻胃内药物的药性;若不清楚应立即送医院观察。

②了解遇到安全事故时的应急程序

立即向值班教师、保健医生和领导报告(事故严重时先打急救电话,再进行报告)。

立刻与受伤幼儿的家长联系。

与保健医生一起对幼儿进行急救处理。

陪伴幼儿到医院接受救治。

调查事故原因。

与家长及时沟通,如是自己的责任,要勇于承担,诚恳地向家长道歉,取得家长谅解,理解家长在面临幼儿安全事故时表现出的过激行为。

(3)动员幼儿园给幼儿购买保险

确保幼儿园给幼儿购买保险,以便减轻损失,也在一定程度上可以缓解教师的压力。

(4)对幼儿开展安全教育

培养幼儿良好的安全意识、生命意识和自我防护意识,提高幼儿的自我保护能力。

三、人际关系与调适

古人云:"天时不如地利,地利不如人和。"人与人之间建立和谐融洽的关系对事物的发展有推动作用。教师作为社会的一个职业群体,也有交往的需要,其人际关系处理得当,不仅对教育事业的发展有着重要的意义,而且还是提升其职业幸福感的重要途径。

一方面,和谐的人际关系能让教师的安全和归属的需要得到满足,使他人对自己评价更为客观、积极,从而自我概念更为积极,看问题更乐观;另一方面,人际关系良好的教师能获得更多的社会支持,他知道自己

第七章 新时代幼儿园教师的心理素养研究

即使遇到困难或问题,也会有人给予帮助,从而工作更加顺利,自我效能感更高;同时,教师感受到的这种人情的温暖和美好使得教师更愿意自发地为集体做贡献,相应地工作的积极性也更强,满意度也高。

我们可以想象,如果我们生活在充满妒忌、猜疑、争吵不休、冷漠的环境中,那么只会使自己处于不断的应激中,产生寂寞、焦虑、沮丧等消极情感,这样还能有工作的动力和积极性吗?事实上,当我们了解有些幼儿教师跳槽的原因时,就会发现部分教师并不是因为工资待遇不满意而离开,而是因为人际关系的不通畅。

任何个体都处于一定的环境系统当中,受不同层次的环境影响,并与环境相互影响、相互作用。个体直接接触的微环境系统就包括有人际关系。良好的人际互动可以促进人的发展,体验到积极情感,对生活的满意度也更高。因此,建立和谐的人际关系有助于幼儿教师心情舒畅,自我评价更高,工作更为积极,能享受工作给自己带来的乐趣,从而职业幸福感也会更高。

(二)同事关系的调适

幼儿教师的同事关系不仅包括同为幼儿教师之间的关系,还包括与园领导的关系。

1. 教师之间同事关系的调适

案例 7-5:

夏老师过去与同事相处得还不错,可是最近夏老师发现,有些同事渐渐对她疏远了。同事们聚在一起聊天,一看到夏老师来了就不说话了。每天上下班,夏老师向她们微笑打招呼,她们总是装作没看见。夏老师感到很奇怪,经过多方了解,才知道由于前一段时间幼儿园申报一个市级课题,她成了课题组的核心成员,园长对她寄予厚望,常常把她叫到办公室研讨课题,她因此遭到一些同事的嫉妒。夏老师对此很烦恼。

教师之间同事关系是幼儿教师人际关系处理中的难点和关键点,很多时候,教师与同事的关系最能影响到幼儿教师的工作心境和积极性。幼儿园工作人员几乎全是女性,俗话说"男女搭配,干活不累",幼儿教师的这种性别比例失调相对不利于幼儿园和谐人际氛围的形成。因此,如何经营自己的同事关系成为幼儿教师必须面对的工作重点之一。

2. 幼儿教师之间关系分析

幼儿教师之间同事关系相对来说比较脆弱，究其原因，主要是：

(1) 缺乏社会交往技巧

不少幼儿教师由于平时大部分时间面对的是单纯而又缺乏经验的幼儿，缺少与成年人打交道的经验，因此，幼儿教师平时习惯于在交往时不太需要揣摩对方的心思，直来直往，社交技巧相对生疏，导致她们在互相交往中依然采取这种方式，不够委婉成熟。而由于基本都是女性，幼儿教师又相对情感细腻，过于敏感，抗压能力较弱，互相之间就容易产生摩擦。

(2) 教师的传统心态

自古以来，在我国历史上都有"文人相轻""同行是冤家"的现象，这使得教师过于看重自己的身份，敏感于他人的言行，不善于与同事互相合作、学习。这种心态显然阻碍了同事之间建立良好的人际关系。

3. 幼儿教师同事关系的处理

(1) 认知调适

认识到自己在交往中的性格弱点。我们时常会发现一些教师更受同事的欢迎，能够短时间内就与同事打成一片，而另一些教师却迟迟难以融入集体中，并时不时地感觉到被孤立。其实，这与她们的性格有一定的关系。有些教师可能习惯了有一说一、直来直去、自由自在的生活方式，见对方有问题就直接指出来，也不分场合和顾及对方的心情。甚至还把自己的性格当做借口，惹得对方不高兴时，搭下一句"我的性格就这样"了事。换位思考下，如果对方时常"直爽"地指出我们的问题，我们往往也一时很难接受。我国自古以来在为人处世上就提倡"外圆内方"，当然，这并不是代表要以各种阴暗的手段来与人交往，而只是换一种更容易让他人接受的方式而已。幼儿教师应该认识到自己的性格特点，用你期望别人对你的方式对待别人，避免因自己性格上的特点带来交往障碍。

①调整与同事交往中不良的交际心态。有些教师经常以为领导不委予重任就是对自己有意见，见到同事间轻声交谈就以为别人在说自己的坏话，看到同事与领导走得太近就会萌发妒忌心理……这些心态不仅会影响个人的心理健康，还会直接影响工作的效率。

第七章　新时代幼儿园教师的心理素养研究

②积极看待人际冲突。人际冲突是无法避免的,俗话说:"舌头和牙齿还会打架。"因此,即使出现一些人际冲突时,首先不要产生消极情绪,为此过于烦恼,而要接纳冲突的存在,并看到冲突的积极一面,如有时可以加速问题的解决。而如何让冲突带来的消极影响转化为积极的呢?这就需要我们及时沟通,找出解决问题的方法,这样不但能解决问题,同时还能增进同事间感情。

③树立正确的合作观,学会分享。当今社会需要合作,"合作共同体"的概念已在各行各业中广为传播。我们要想在工作中有所突破,除了自学之外,教师之间的合作更为重要。可以采取相互观摩、备课、分享经验、讨论遇到的问题等方式,既有助于解决实际中的问题和个人专业成长,还能增进幼儿教师之间的相互信任,避免猜忌。因此,幼儿教师要认识到合作的重要性,树立正确的合作观。

(2)行为调适

①提高交往技巧

主动出击。当我们主动与对方进行交往时往往能让对方感受到你的诚意,从而对你更加信任。有时我们习惯于等待别人主动,而某些交往的机会就是在相互等待中丢失了,因此,主动出击可以更快地拉近和同事的距离。有时,一个微笑、旅游回来的一件小礼物、一起相邀出游等都是很好的主动出击方式。

尽可能了解不同同事的爱好、关注点和忌讳。了解他们与工作相关的情况,如是否有孩子,有什么爱好,有什么样的经历等,或者在其他同事交流时用心去倾听。这样在与对方沟通时才能避开对方的禁忌,找到兴趣的共同点,使对方感到你很乐意与其相处,也会令其觉得话题很有趣。

与同事交流时要友好、谦虚。过于清高往往容易让人产生不易相处的感觉。

多看到对方的优点。你能数出你所在幼儿园所有同事的优点吗?当你这么做的时候,你会发现,你的身边都是一群值得你学习和尊重的优秀教师。

②与同事相处要注意的几个关键时期

新入职时期。虚心求教。如果想要尽快地融入同事群体当中,新教师就要学会多跟别人分享看法,多听取和接受老教师的意见;在适当的时候要虚心采纳他人的意见,在不违背原则的情况下也可以做出妥协,同事之间的情谊是在工作中培养起来的，新人有合作的意识会更受欢迎。对于新教师而言，凡是遇到不懂的问题，要多向前辈请教。有时聊着聊着，话匣子也随之被打开。例如，"今天下午在活动区小明和小敏在抢玩具，我应该怎么处理呢？除了批评还有没有什么更好的法子？"虚心是一种良好的品质，新教师表现出"我还不知道该怎么做，我很想学习"的姿态，反而要比独立自主的表现要好。工作中忌讳独来独往、自以为是，只要肯虚心请教，犯了错误勇于承担，就会很快被原谅。

刚升迁时期。因幼儿园教研主任离职，陈老师代替空缺，升职为幼儿园教研主任。陈老师很高兴，认为自己的努力终于得到了园领导的认可。但在幼儿园宣布任命后，陈老师明显感觉到同事关系变得不如以前和谐了。原本地位平等的同事忽然变成了上下级关系，她感到有些无所适从。

因职位、待遇、福利等方面的原因，被同事嫉妒在职场上十分常见。由于资源有限，竞争在同事间普遍存在。但是竞争有两种，积极的竞争和消极的竞争。通过疏离和贬低对方的竞争方式显然是消极的。

③同事交往还要注意的细节

在公共场合与其他同事讨论时不要谈论不在场的同事，尤其是关于他（她）的不利言论，以免传到对方耳朵引起误会。

当需要与同事澄清误会时，如误会非关乎隐私问题，最好有第三方在场，以便于当与对方谈话再发生争执时有人缓和气氛或帮助调解。

如需要与他人合作完成一项任务时，要详细地向对方解释你为什么需要他的合作，并表达自己的感谢，说明合作不会给对方带来害处。

④做好个人的形象管理

在职场与生活中努力做好个人的形象管理，可较为容易为自己带来好人缘。试想一下，如果你身边有一位不修边幅、不讲礼貌的同事，你还愿意与他（她）拉近距离吗？

⑤加强个人的专业和管理能力，树立信心

没有人生来就是当领导的料，如果想要在同事面前树立信心，要用能力和实力来说话。

⑥寻求共同促进

教师同伴互助的方式大概可以归纳为四种：研习、示范教学、指导式练习与反馈以及独立联系反馈。教师可以针对某一特定的问题或时间进行交流和探讨。例如，今天婷婷在美工区里用心完成了一幅绘画作

第七章 新时代幼儿园教师的心理素养研究

品,她画了水果和蔬菜,然后她抛出了一个问题:究竟菜市场里有没有水果卖?作为教师,应该如何回应她?同时,教师可以通过观摩教学,以课堂为抓手,共同分析和讨论。

(三)与园领导关系的调适

1. 幼儿教师与园领导关系分析

案例 7-6:

例1:开学初,小吴手头上正在忙着班级环境创设及开学准备工作。这时,园长给小吴布置了一个任务——本周内撰写出一项省级课题的申报书。小吴从来没有接触过这项课题的研究,不太了解,况且手头已经忙得不可开交,左右为难。

例2:小刘高中毕业后到幼儿园做临时工,一直带托班,她话不多,班却带得好,还自费进修了幼师中专并拿到了教师资格证。小刘想转正,却不敢提。她工作五年,没请过一天假,幼儿园经常临时需要顶班,她也没有一句怨言。然而,当把小刘带大的外婆去世,小刘要请假去殡仪馆送行时,园长不高兴了,说幼儿园岗位是"一个萝卜一个坑",考勤制度马虎不得。但小刘还是去了。园长见小刘不听自己的劝告,于是严格按照规章制度处理,不仅扣了当月工资、考勤奖,还要扣接下来发的各种奖金。

对此,小刘嘴上不说,心里却觉得这样干下去没意思,于是去找了别的工作。出于怨气,她没打招呼就不来上班了。那天,班里开始时没老师,后来临时看班的老师没有带托班经验,班里孩子有哭闹的,有打架的,孩子们脸上、身上抓痕累累。有个孩子乘机溜出去,撞到栏杆上,缝了两针。园长打小刘电话没人接,一时也找不到合适人来接替,园内工作陷入混乱。

相信职场的大多数人都会遇到案例1中的两难问题。当领导的安排与自己的计划完全不符时,服从领导的安排可能打乱自己的计划,不服从领导的安排又怕领导不高兴。如何在不把关系弄僵的前提下处理好领导类似的任务是我们很多人都希望掌握的学问。案例2中很明显可以看出这位教师原本是一心要在这个幼儿园干的,工作认真负责,但却因为与领导的关系没处理好,最后选择以报复的心理不打招呼离开。

其实对于她来说，即使因为自己的突然离开可能会让园长为难，看似出了一口气，但内心的失落感却是依然存在的。对于幼儿教师来说，与领导关系如何直接影响到我们对这份工作的认知评价，甚至影响到我们是否继续从事这份工作，其原因主要在于：

(1) 传统观念的影响

我国的传统文化中，忠君、服从上级的安排、得到上级的赏识在人们的脑海中根深蒂固。领导的评价对人们的自我评价有着重要影响，即使工作再认真负责，但如果得不到领导的支持和肯定，就会怀疑自己的价值，并感到委屈，这也会影响着教师的幸福体验。因此，很多幼儿教师非常在乎领导对自己的看法，以领导的指示作为自己行动的指南，领导的一句话也要琢磨半天。

(2) 受幼儿园实际情况的影响

现在，很多幼儿园对于教师的考评往往由园领导主要负责。因此，领导的肯定直接与奖金、进修、评职称、工作需要的资源、岗位提升、任务分配等福利挂钩。当教师与领导的关系理不顺时，工作和职业发展难免就要受到影响，职业幸福感自然降低。

一位在幼儿园工作多年的教师深有体会："很多人都好奇我为什么当年愿意离开么好的幼儿园（省级示范园）来接这个烂摊子（到一所各方面条件很差的幼儿园当园长），其实，最主要的原因就在于当时的园长不太愿意给机会让我们年轻人锻炼，处处提防我们。在那儿虽然工作稳定，福利也好，我也参加很多比赛获了奖，但好像就到头了，我还是希望工作有一定的突破和发展，等到园长退休还得十来年呢（笑），就觉得太没意思了，挺郁闷的，很希望能干些有挑战性的工作，当时正好有这个机会，虽然条件很差，我还是想试一试。"也有教师提到："我觉得我之所以喜欢这份工作还是跟自己刚上班遇到的领导有关。那个时候我幼师毕业，自己对这个工作还一知半解，也不知道能不能干好，但园长挺好的，很关照我们年轻人，给我们分配老教师带，有学习机会也会考虑我们，福利上也与老教师一样，说我们年轻人经济负担更重，我特别感动，工作也很带劲。"因此，如何调适与领导的关系，对幼儿教师职业幸福感的提升有着重要价值。

第七章　新时代幼儿园教师的心理素养研究

2. 幼儿教师如何处理与园领导关系

认知调适：

(1)转变对教师与园领导关系的认识

很多教师把自己与园领导的关系简单等同于打工仔和老板的雇佣劳动关系，认为自己工作仅仅是为了换取物质报酬，园领导是为了获取利益。这种用经济关系来认识自己与园领导的关系的想法显得过于偏执。我们首先要看到，无论是园领导还是教师的存在都是基于对幼儿的教育，大家拥有共同的目标，而不是作为劳资关系的对立面；另外，工作不仅仅是为了满足我们的基本物质需要，还是我们实现自我价值的重要途径，我们需要通过工作获得成就感、爱等，而这并不是我们按标准完成分配的任务即可，尤其是教育是与人打交道的工作，我们的成就感、爱的需要更多的是在人与人之间的交往中、在相互支持和帮助中产生的。

(2)学会换位思考，站在领导的角度思考

我们会发现，领导更多的要从整个幼儿园的发展着想，而不仅仅是基于个人的目的，因此，领导的安排在很多时候与教师个人的想法产生冲突是在所难免的。当遇到领导的想法和安排与自己预想不一致时，首先要考虑到大家的立场不同，而不是故意采取针对性的表现。如果自己确实为难，相信双方可以进一步沟通，不能心存怨愤，伺机报复，否则无论对自己还是他人都会产生消极的影响。

行为调适：

(1)以自己实际的工作成绩赢得领导的认可

作为教师来说，努力工作是赢得领导认可的最主要途径。因此，我们要认真对待自己的工作，严格要求自己，尽量争取机会多学习，积极参与各种比赛，锻炼自己，通过自己的工作成绩来展示自己。尤其不能因为领导对自己的某次误会而破罐子破摔，否则不但会影响幼儿的发展，而且误会非但不能解决，反而只会越来越深。

(2)恰当地维护自己的权益

当领导确实有明显的不公正的做法，如故意在比赛前向你的竞争对手透露信息，或有些幼儿园领导为了自己评职称或别的需要，要求你写论文但以她的名义投稿来占有你的劳动成果，或恶意批评、刁难，甚至直接损害你的利益时，教师可以保留证据，开诚布公地与领导交谈，要勇于表达自己的观点。适当的时候还可以向工会检举。很多教师遇到这种情况要么就忍气吞声,要么就直接一走了之。这两种都不是很好的解决方式,都有可能会助长这种风气在行业的蔓延。

(3)面对领导布置的不合适任务,委婉说出自己的看法

面对领导布置的不合适任务,你可能会觉得,直接接受吧,担心最后没有很好地完成,无论对幼儿园还是对自己并非是负责任的表现,拒绝呢,又担心领导误会自己工作不积极,似乎怎么做都不合适。其实,最好的办法就是,如果是公开布置的任务,最好先应承下来,但要在第一时间私下跟领导沟通。沟通的内容为:

首先,表明自己愿意接受挑战的决心,并对领导的信任表示感谢。

其次,要尽可能地跟领导阐明自己当前的工作水平和正在进行的任务,解释自己并不是不接受这个任务,而是担心到最后来不及完成,不能按时交差。

最后,提供一个实用建议或折中的方式,比如,据你了解谁在这方面更擅长,或如果你进行这个任务,可能还需要哪些资源,这样即使领导继续让你接受这个任务,但考虑到你的实际情况,可能会为你提供更多的资源或给予更充裕的时间。不管是哪种情况,都对你按期完成任务有帮助。如果你还不习惯向领导表达自己的想法,那么你可以尝试在沟通前花费一点时间把你想要说的话写下来。及早进行沟通比最后才说明要强得多,相对也更能得到领导的理解,并便于领导做其他的安排。

(4)对待领导像朋友一样相处

园领导首先也是作为同事的角色存在,一样希望能与同事和谐相处,得到其他教师的爱戴和尊重,也有安全感和归属感的需要。因此,在不涉及上下级工作安排时,像对待朋友一样与园领导相处,能让对方感受到你的真诚和自然。

参考文献

[1]陈虹.幼儿教师语言技能[M].武汉:武汉大学出版社,2016.
[2]邓卫东.幼儿教师职业修养与职业规划指导[M].天津:南开大学出版社,2014.
[3]郭平.幼儿园教师综合素质与职业发展[M].成都:西南交通大学出版社,2015.
[4]郭正良,颜旭.幼儿教师职业道德(第4版)[M].长沙:湖南大学出版社,2018.
[5]胡剑红,李玲飞.做会沟通的幼儿教师[M].北京:中国轻工业出版社,2019.
[6]胡陵,何芙蓉.普通话与幼儿教师口语[M].成都:西南交通大学出版社,2013.
[7]吉文雅,杨兰,张海燕.幼儿教师职业道德[M].长沙:湖南师范大学出版社,2018.
[8]蒋慧,吴舒莹,马梦晓.幼儿教师心理调适[M].福州:福建教育出版社,2012.
[9]孔宝刚.幼儿教师基本素养[M].上海:复旦大学出版社,2013.
[10]刘军,闫玉杰,张少华.幼儿教师礼仪[M].长春:东北师范大学出版社,2019.
[11]刘晓明.幼儿教师职业道德:行为规范与自我养成[M].长春:东北师范大学出版社,2013.
[12]刘星,申利丽.幼儿园教师职业道德[M].成都:西南交通大学出版社,2017.
[13]卢云峰等.幼儿教师的沟通与表达[M].北京:北京理工大学出版社,2017.
[14]盘华,杜轶,蔡迎旗.幼儿教师信息技术应用[M].武汉:武汉

大学出版社,2016.

[15]苏爱洁作.幼儿教师职业道德规范与践行指导[M].上海:复旦大学出版社,2021.

[16]童宪明.幼儿教师职业道德[M].安徽师范大学出版社,2018.

[17]汪婕.幼儿教师礼仪[M].南京:东南大学出版社,2019.

[18]王传旭.幼儿教师职业道德实用教程[M].长春:吉林大学出版社,2021.

[19]王向红.幼儿教师的核心素养[M].北京:中国轻工业出版社,2017.

[20]王永.幼儿教师职业心理素质培养[M].芜湖:安徽师范大学出版社,2014.

[21]吴颖新.幼儿教师的专业素养[M].北京:中国轻工业出版社,2012.

[22]夏婧.幼儿园教师成长与发展指南[M].合肥:安徽教育出版社,2014.

[23]向多佳.幼儿教师必知的礼仪规范[M].北京:中国轻工业出版社,2015.

[24]姚计海.幼儿教师职业道德[M].长春:东北师范大学出版社,2020.

[25]张春炬.幼儿教师的家长工作技巧[M].北京:中国轻工业出版社,2014.

[26]张海丽.幼儿教师职业道德[M].北京:清华大学出版社,2020.

[27]赵雅卫.幼儿教师心理健康教育活动设计[M].上海:复旦大学出版社,2015.

[28]曹文.保教结合理念下幼儿园教师专业素养的影响因素研究[D].信阳师范学院,2019.

[29]曹艳梅.基于《幼儿园教师专业标准(试行)》的新手幼儿教师专业素养调查研究[D].陕西师范大学,2014.

[30]陈海燕.幼儿园教师专业素养实证调查研究[J].品位·经典,2021(22):147-150.

[31]陈静.幼儿园教师信息素养的提升[J].家教世界,2021(30):50-51.

[32]董迎青.幼儿园教师素养提升策略研究[J].新课程(综合版),2019(11):284.

[33]冯敏玲,欧汉坚.幼儿园教师健康素养相关知识技能干预效果评价[J].医学食疗与健康,2021,19(10):181-182.

[34]巩文基.专家型教师视角下幼儿园教师美术素养的调查研究[D].上海师范大学,2019.

[35]黄程佳,曾艳.幼儿园教师的儿童行为观察素养:构成、现状与影响因素[J].陕西学前师范学院学报,2020,36(11):82-93.

[36]黄敏娟,鄢超云.幼儿园教师游戏素养的结构模型与培养路径——基于生态学的构想[J].学前教育研究,2021(04):19-30.

[37]李冉冉.幼儿园教师素养及其提升策略的研究[J].教育现代化,2019,6(82):137-138.

[38]李少华.幼儿园教师科学素养研究[D].西南大学,2014.

[39]李洋,苏建辉.幼儿园教师核心素养探究——基于国内幼儿教育政策文件的分析[J].教育观察,2020,9(12):101-103.

[40]李越能,郭有霞.山区农村幼儿园教师专业素养提升策略初探[J].课程教育研究,2020(01):218-219.

[41]刘志.岳麓区幼儿园教师美术素养的调查研究[D].湖南师范大学,2013.

[42]龙婷.幼儿园教师科学素养现状调查[D].天津师范大学,2021.

[43]毛杰,王帅,杨俊良.幼儿园教师融合教育素养的实践检视与优化策略——以河南省为分析对象[J].河南师范大学学报(哲学社会科学版),2022,49(01):151-156.

[44]乔莹莹,周燕.人工智能时代幼儿园教师信息素养的内涵与培养[J].学前教育研究,2021(11):58-61.

[45]裘指挥,温丽梅.幼儿园教师学习素养水平调查与差异分析[J].学前教育研究,2021(12):61-72.

[46]屈塬.幼儿园教师音乐素养评价指标体系的构建研究[D].四川师范大学,2019.

[47]任万昕.以园为本的幼儿园教师教科研素养提升策略研究[J].当代家庭教育,2019(33):36.

[48]宋丽博,申晓梅,吕家欣."K-CMS"模式下园本教研对幼儿园教师科研素养培养的研究[J].黑龙江教师发展学院学报,2020,39(09):38-40.

[49]田强强.幼儿园教师素养及其提升策略的研究[J].科技风,

2018(13):21.

[50]汪广华.教育质量指标体系视域下民办幼儿园教师专业素养提升策略[J].连云港师范高等专科学校学报,2021,38(04):101-104.

[51]王民意."互联网+"时代幼儿园教师信息素养发展提升策略[J].大众标准化,2021(05):187-189.

[52]王永军.幼儿教师信息素养及其培养初探[D].华东师范大学,2007.

[53]王媛媛.新时期幼儿园教师核心素养培养的路径研究[J].现代交际,2021(14):131-133.

[54]韦天琪,张文京.幼儿园教师融合教育素养研究现状及素养提升建议[J].兰州职业技术学院学报,2021,37(02):124-126.

[55]吴扬.幼儿园教师融合教育素养的调查研究[J].中国特殊教育,2017(11):8-13.

[56]修云辉,黄秀群,谌月.贵州省农村幼儿园教师融合教育素养现状及对策研究[J].绥化学院学报,2021,41(10):117-120.

[57]尹小美.普惠性民办幼儿园教师专业素养的提升困境及改进策略研究[J].快乐阅读,2021(20):66-67.

[58]于开莲,曹磊.教育信息化2.0时代幼儿园教师信息技术素养评价指标体系构建研究[J].电化教育研究,2021,42(08):51-58.

[59]余悦粤.幼儿园教师信息技术素养研究[D].西南大学,2020.

[60]章小慧.本土文化背景下幼儿园教师素养的培养策略[J].学前教育研究,2013(04):70-72.

[61]赵冬梅.黑龙江省幼儿园教师信息素养建设研究[J].知识文库,2019(19):80.

[62]赵红霞,庄莲莲.幼儿园教师核心素养的模型构建研究[J].湖北科技学院学报,2021,41(02):128-136+143.